MITOLOGÍA GRIEGA

HANS R. NIEDERHÄUSER

MITOLOGÍA GRIEGA

Dioses y Héroes

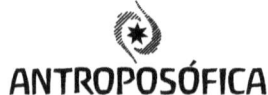
ANTROPOSÓFICA

Niederhäuser, Hans Rudolf
   Mitología griega, dioses y héroes. - 1a ed. - Villa Adelina : Antroposófica
   195 p. ; 22,5 x 15 cm.

Traducido por: Brenda Mezzini

1. Mitología Griega. I. Mezzini, Brenda, trad. II. Título
CDD 292.13

© Reservados todos los derechos a favor de
   Editorial Antroposófica

Hecho el depósito que marca la ley 11.723

Impreso en Argentina en marzo del 2021

Editorial Antroposófica
Buenos Aires, Argentina

E-mail: info@editorialantroposofica.com
www.editorialantroposofica.com

CONTENIDO

1. Lo que el poeta Hesíodo dio a conocer a los hombres . **5**
2. Prometeo **19**
3. Deucalión y Pirra. Del gran diluvio **25**
4. Apolo **32**
5. Deméter y Perséfone **46**
6. Deméter en Eleusis **49**
7. Dionisios **55**
8. Orfeo **63**
9. Tántalo **67**
10. Perseo **71**
11. Jasón y el viaje de los argonautas **79**
12. Alceo – Heracles **102**
13. Teseo **139**
14. Dédalo e Ícaro **153**
15. Edipo **159**
16. Jonio **174**
    Referencia de las fuentes **185**

1
LO QUE EL POETA HESÍODO DIO A CONOCER A LOS HOMBRES

En las alturas de Helicón, un monte boscoso en Viotía, viven las Musas, las nueve amadas hijas de Zeus. Con delicados pies bailan alrededor del altar del tonante, juegan en las azuladas fuentes de los ríos o apilan leña sobre los nidos de las palomas. Con gusto bañan su suave cuerpo en las resonantes mareas del Permeso o en su alegre y efervescente cascada. Luego hacen bellas rondas llenas de gracia en la cumbre del Monte Helicón, encabezadas por Apolo, el radiante, con su lira resonante y dorada. También dan largos paseos por la noche hacia lo inmortal ocultas en la densa niebla y murmuran a sus amados acerca del regir y urdir de los dioses eternos.

Así se acercaron también a Hesíodo, un pastor, que cuidaba solitario a sus ovejas en las verdes regiones del Helicón. Entonces le dijeron en broma:

-Pastor, canalla barrigón, mira, nosotras hablamos de cosas ilusorias, aún cuando a vuestros oídos suenen a sabiduría; pero también a menudo, si así lo deseamos, le damos a conocer a uno de vosotros la pura verdad.

-Entonces elévate, Hesíodo, y corta un ramo del laurel en flor, embriágate respirando su perfume, que sobre ti intervendrá el poder del dios profeta y tú contemplarás milagros y percibirás nuestras voces divinas. Luego ve por allí y da a conocer a los hombres, lo que has contemplado y percibido del pasado y del futuro.

-Pues está bendito aquél a quien nosotras las Musas obsequiamos el don; y dulce como un refresco brota de sus labios el precioso poder del canto.

Hesíodo debió sentir un pesar en su alma, agobiado por la preocupación y el dolor, al percibirse a sí mismo como un servidor de las Musas, un poeta y trovador celebrando en una canción los magníficos hechos de los héroes de la prehistoria o alabando a los benditos dioses en el cielo y su ordenado imperio. Pero al mismo tiempo consoló su dolor, olvidó sus ofensas y preocupaciones, pues en un instante lo curaron los cantos y los alegres dones de las Musas divinas.

-¡Salud, dulces Musas, amadas hijas de Zeus! -exclamó Hesíodo inspirado por el dios, -obsequiadme también con cancione, en las que pueda alabar a los dioses, a los luminosos niños de la Madre Tierra y también al cielo sembrado de estrellas. Dadme a conocer cómo han nacido los dioses y la Tierra de la que brota el alimento, el mar infinito, las corrientes, la rompiente tempestuosa y las luminosas estrellas arriba en el éter. Hacedme saber de qué manera los elevados dioses olímpicos, los derrochadores del bien consiguieron su poder y distribuyeron cargos y altos honores.

En breve percibió el pastor en su interior las voces divinas. Y lo que las Musas le murmuraron acerca del principio del mundo y de qué manera fue naciendo todo progresivamente, él lo adaptó a las palabras de los mortales, para que fuera percibido también por todos los géneros posteriores:

En el principio de la Creación, antes de que existieran el Cielo y la Tierra, todo era el Caos, el espacio bostezante. Todo era amorfo, unificado y confuso. Los oscuros velos de la penumbra se expandían sobre el acontecer emergente, a partir del que surgió todo lo que existe.

Desde la oscuridad gestante, y a partir de la laboriosa fuerza creadora en ebullición y gestación, elevó el fervoroso Eros con sus alas doradas el amor cósmico, el todopoderoso, el que todo lo une y todo lo crea. Y la luz cósmica apareció y estimuló al Caos y un poderoso temblor se sacudió a través de lo increado, lo gestante; lo inseparable se separó, se gestaron formas a partir de lo amorfo, y lo débil envolvió a lo fuerte.

Y Gaia, la Tierra, emergió a partir del Caos. Ella trajo consigo animales y plantas; fue la Madre primordial derrochadora de vida, la formadora y creadora de todo. Y sobre la Tierra se curvó al mismo tiempo Urano, el cielo sembrado de estrellas, y Pontos, el mar infinito, se configuró también a partir del Caos. Pero en las profundidades de la Tierra fértil, en las gargantas neblinosas del límite más extremo del enorme espacio cósmico, se expandía Tártaro, un hijo oscuro del Caos creador, allí, donde gobierna Erebos, la eterna oscuridad del submundo.

De la unión de Gaia con Urano surgieron monstruos poderosos: los Hecatónquiros, los gigantes de cien brazos, los forjadores del bronce, los cíclopes que jamás se cansan, los creadores del rayo, seres con un solo ojo en medio de la frente, que ilumina y destella. Pero también se reveló la fuerte estirpe de los Titanes, doce en número, todos hijas e hijos poderosos, que crearon las fuerzas formadoras en el cielo y la tierra, los predecesores de todas las posteriores estirpes divinas.

Uno de los Titanes más poderosos era Océano, el torrentoso, que rodeaba en sí los bordes de la Tierra. Él fue creado por Tetis, la madre de todas las fuentes y aguas fluyentes.

A Pontos sin embargo lo creó Nereo, el Viejo, el dios de las quietas profundidades marinas, infalible y benignamente, con apacible convicción. Cincuenta hijas le nacieron a Nereo de la ondulada Doris, la amada hija de Océano, de risa alegre, color centellante, resplandor tranquilo, suave oleaje y murmullo tempestuoso. Ella suaviza las olas en el mar neblinoso y los vientos adversos, otorga la riqueza. Todo esto brotó del magnífico Nereo, quien vive con sus hijas en las profundidades del mar, en una gruta rosada brillante. A menudo juegan ellas en las alturas del mar reluciente, en las tranquilas bahías o en las escarpadas cumbres de los acantilados; se sientan sobre las rocas a secar su húmedo y resplandeciente cuerpo y su emergente cabello verde o hacen música con los Tritones, cantan y bailan en la orilla en compañía de las Ninfas de los ríos o se deslizan sobre los delfines rápidas como la luz por la corriente cristalina, encabezadas por Tetis, la amada conductora del Coro, para liberar inútilmente al mismo Zeus y a Poseidón, y buscar a Galatea, la bella, entronizándola en un carro perlado de moluscos.

Hiperión, el mutable Titán, y Teia crearon entonces a Helios, el dios de la luz, el que viaja tronando por el cielo en un carro dorado tirado por cuatro corceles que lanzan fuego. Cuando al atardecer él se sumerge en el Océano, asciende Selene por el Este, su suave hermana, la diosa de la Luna. En un carruaje radiante tirado por dos magníficos corceles blancos, circula con paso tranquilo por el cielo nocturno.

Y luego aparece Eos, la aurora, la de los dedos rosados, en un traje dorado resplandeciente y anuncia alegremente el radiante regreso de Helios.

Al género de los Titanes también pertenece Temis, la administradora de la justicia y de las leyes naturales que gobiernan eternamente, y Mnemosine, la conservadora de todo lo que acontece, de los poderes elevados del orden cósmico divino; luego Cronos y Rea, quienes reemplazaron el dominio de Urano, así como también Prometeo, quien creó a los hombres.

En el principio era Urano, resplandeciente de estrellas, el más elevado de los dioses. Sin embargo él tuvo miedo de su poder. Por eso aborreció a todos los niños, que le había otorgado Gaia. Él condenó a los cíclopes, a los gigantes de cien brazos y a muchas de sus criaturas tan pronto nacieron y los encerró en el Tártaro, en las profundidades más oscuras debajo de la Tierra, y allí los mantiene ocultos.

Gaia, sin embargo, en su aflicción y necesidad, les demandó a los Titanes a que liberen a los prisioneros. Pero ninguno tenía el coraje para hacerlo. Sólo Cronos, el más joven de los Titanes se aventuró a la batalla. Con una hoz curvada, que le proveyó Gaia, privó a Urano de su poder cuando se sumergía amorosamente en la Tierra.

Mediante este hecho Cronos devino rey sobre la Creación, y con él los Titanes se convirtieron en los señores del Cosmos.

De las gotas de sangre de Urano, que cayeron sobre la Tierra, nacieron los Gigantes y las Erinias, las terribles diosas de la venganza: Alecto, el rencor irreconciliable, Tisífone, la venganza, Megaera, la envidiosa, la de mirada mala. Con antorchas iluminan lo oculto, y persiguen sin piedad las ofensas hasta expiar su acción.

Sus hermanas, las niñas de la noche, son las Moiras, las más serias gobernadoras del destino. Bajo su poder se someten tanto los hombres como los mismos dioses. Cloto teje el hilo del destino, Laquesis dirige y guía la parte humana, y Átropos, la inflexible, la administradora de las inevitables decisiones del destino, corta el hilo de la vida.

Algunas de las gotas de sangre de Urano cayeron en las ondulantes olas del mar, y a partir del suelo azul de la marea bostezante se creó una espuma blancuzca y desde de la misma vio la luz una magnífica virgen: Afrodita, la que nació de la espuma.

En un molusco dorado centelleante por encima de la corriente marina, se deslizó la noble y espléndida diosa, movida por el suave aliento del Céfiro, y se aproximó a la fértil isla de Chipre. Allí descendió a la Tierra la hija de Urano, radiante como las estrellas, recibida por las Horas, las diosas de la gracia, del encanto y de la belleza, las que cubrieron el resplandeciente cuerpo de la virgen con perfumados velos. Allí donde su delicado pie tocó la tierra, brotaron flores radiantes como las estrellas. Con Eros e Himeros, conducida por el anhelo divino, se elevó Afrodita hacia los dioses. Y desde entonces la imagen primordial del amor ilumina desde las eternas estrellas a todo lo nacido sobre la Tierra.

El descendente Urano le había predicho a Cronos, que alguna vez él también sería destronado por uno de sus hijos. Por eso el todopoderoso Cronos se devoró a todos sus radiantes niños, inmediatamente después que Rea los diera a luz, para indecible dolor de la madre.

Cuando Zeus, el más joven, iba a nacer, siguiendo el consejo de Gaia, Rea tomó una piedra, la envolvió en pañales, como se envuelve a los recién nacidos, y se la alcanzó a Cronos. Éste tomó al niño envuelto y se lo devoró, tal como había hecho antes con Hades, Poseidón, Deméter y Hera, sus hermanos.

A toda prisa en la oscura noche Rea llevó al recién nacido a la lejana isla de Creta y lo escondió en una caverna en el seno de la sagrada tierra de la alta y boscosa cadena montañosa de Ida. Allí, en la soledad de la cordillera, creció el niño divino, cuidado y protegido por las Ninfas. Las abejas se acercaban volando y lo alimentaban con su miel dorada. Cuando el niño tenía sed, tomaba leche de la cabra Amaltea en la cornucopia de un toro. Si el muchacho lloraba, los jóvenes cretenses, los Curetas ejecutaban danzas armadas ante la caverna y golpeaban con sus espadas los escudos haciendo un ruido estridente, para que Cronos no pudiera oír los llantos del joven dios. Pues Cronos se había dado cuenta de que había sido engañado y buscaba al recién nacido por doquier sobre la Tierra.

Zeus creció velozmente y se mezcló en los juegos de sus camaradas danzantes. Pero luego cuando se hizo adulto y el tiempo se cumplió, libró una batalla contra su padre Cronos y combatió contra él por el dominio del mundo.

Primero lo obligó a liberar a sus hermanos y hermanas devorados. Luego, por consejo de Gaia, llamó a la batalla a todos aquellos que habían sido oprimidos violentamente por Cronos. La misma Gaia liberó a los Titanes del mundo subterráneo y ordenó a los Cíclopes a que forjaran en su fragua subterránea un arma para Zeus como no poseía aún ningún soberano. Y a ellos acudieron en ayuda el trueno y el relámpago enceguecedores.

Con su confianza se avino Zeus hacia el Olimpo; pues a todos había prometido, en caso de resultar vencedor, el restablecimiento de sus honores y derechos. Desde allí se apresuraron para el ataque contra Cronos y los suyos, que se habían reunido en el opuesto Monte Otris.

Entre los Titanes que se hallaban del lado de Zeus, también estaba Prometeo. Anticipadamente vio éste que la victoria le cabría al joven dios.

Una lucha abominable comenzó entonces sobre el reino de Tesalia, y se expandió entre ambas montañas. La Tierra gimió y tronó sobre las estampas de los guerreros. Los gritos y chillidos de la batalla sonaron hasta el cielo sembrado de estrellas y reverberaron con un sonido pesado y seco en las brumosas profundidades del Tártaro. Tempestuosamente se hinchó la ira en Zeus. De forma inaudita lanzó centelleantes rayos, que tronando y flameando zumbaban desde el Olimpo y hacían pedazos a los enemigos. Hasta a los mismos ojos del dios enceguecía el resplandor, y alrededor de la Tierra germinada de alimento se enfurecían las llamas de fuego; terribles se elevaban flameando hacia el éter, en el aire divino, atizado por los vientos vertiginosos.

Durante largo tiempo se debatió la batalla sin definirse. Entonces Gaia les reveló a los Olímpicos el secreto de cómo podían obtener la victoria. Para eso liberarían a Briareo, Coto y Giges, los tres Hecatónquiros, de la lúgubre Tártaro. Fortalecidos con néctar y ambrosía se inmiscuyeron en la batalla. Agarraron poderosos bloques de roca con sus puños robustos y los arrojaron contra sus enemigos, de forma tal que el Olimpo se estremecía hasta sus cimientos y el océano se balanceaba rugiendo y bramaba echando espuma y la Tierra temblaba y gemía retumbando. Con una poderosa lluvia de piedras aventajaron finalmente a los Titanes y Cronos fue derrotado. Zeus y sus hermanos habían logrado el dominio del mundo.

Cronos fue amarrado por Zeus y llevado a Elisión, la isla de los difuntos. Allí aguarda él, y con él la desaparecida era dorada, y se agita por los vientos del Océano como rey y esposo de Rea.

Los Titanes, sin embargo, fueron desterrados al oscuro Tártaro. Profundo bajo la inamovible Tierra, tan profundamente como el cielo se arquea a lo alto sobre la Tierra, en la oscuridad neblinosa del abismo habitan desde entonces, según la determinación de los Olímpicos, atados con dolorosas cadenas. Ninguno osa escapar, pues los tres Hecatónquiros los vigilan imperturbables en el umbral que el mismo Poseidón ha colocado.

Allí, en el húmedo suelo de la brumosa Tártaro, allí donde la Tierra negruzca, el mar ondulante y el cielo resplandeciente de estrellas son lo mismo. Los mismos dioses se horrorizan de este suelo bostezante, donde mora Erebos, la noche devenida oscura oculta en lúgubres nubes.

Por encima del umbral transcurren la noche y el día en eterna fluctuación. No bien uno se sumerge, el otro asciende. El día lleva luz resplandeciente a los mortales; la noche, sin embargo, envuelta en nubes, mantiene en sus manos al dulce sueño, al hermano de la muerte. El sueño y la muerte son dos dioses poderosos e inexorables. Helios jamás los contempla cuando se eleva al cielo y luego desciende nuevamente en su pareja de corceles de fuego.

Cautelosa y amablemente se acerca la noche a los hombres; la muerte sin embargo, lleva en el pecho un corazón sin compasión, y a quien ella atrapa, no suelta jamás. Hasta es aborrecida por los mismos dioses inmortales.

Allí entonces, bajo la Tierra negra, en la garganta brumosa del Tártaro está el umbral implacable, que separa el reino del mundo subterráneo de la escena de los hombres portadores del destino y de los nobles dioses, transmutadores de la luz.

Cuando la tormenta se asentó, la tensión terminó, y los dioses muertos en la batalla con los Titanes hubieron evaluado victoriosos el poder y la grandeza, eligieron, por consejo de Gaia, a Zeus como rey y señor.

Zeus compartió desde entonces el dominio sobre el mundo con sus hermanos Poseidón y Hades. Mediante la suerte se debería determinar, qué reino le corresponderá a cada uno. Y a Zeus le tocó el luminoso mundo celestial. Allí reina en reluciente esplendor sobre los dioses y los hombres en plenitud de la sabiduría del mundo. Tiene una balanza dorada en las manos y allí aventura los destinos de los mortales. Todo futuro se le manifiesta, al guardián del oráculo, de la justicia y de los santos juramentos, al protector del rebaño propio y ajeno. Está entronizado sobre altas montañas mirando a lo lejos, donde reúne a las nubes y las deja gotear en suave lluvia sobre la Tierra sedienta; pero también rige sobre la tormenta amenazante, sobre el trueno arrollador y el rayo zigzagueante, en el fulgor y el juego cambiante del brillante y sediento cielo en el año circular. Hades, sin embargo, desciende al mundo subterráneo, al infierno, y gobierna como rey en las profundidades de la Tierra por sobre los difuntos y los oscuros poderes y supremacías demoníacas, las cuales amenazan y habitan en las profundidades más bajas del Tártaro.

En un palacio de mármol está sentado Hades, introvertido y taciturno. Enigmático como el submundo es su gobernante. Un yelmo mágico lo hace invisible. Todos los tesoros de la Tierra le pertenecen, por eso también se lo llama Plutón, el Rico. Junto a él, severa e inexorable, está entronizada Perséfone, el ama de las Erinias.

En los portales del palacio vigila Cerbero, el perro de los infiernos, cruel y mañoso. A todo el que llega lo deja pasar meneando la cola, pero a ninguno lo deja salir nuevamente. Allí también fluye silenciosa la oscura Estigia, la hija mayor del Océano. Los dioses hacen santos juramentos a estas aguas arcaicas y sagradas, que fluyen a través de las oscuras noches, rodeando al reino de la muerte.

Caronte, el siniestro barquero, lleva a las almas que se separan de la luz en una ancha barca por sobre el agua oscura de Estigia, sobre el Aqueronte, la corriente vaporosa y murmurante del eterno dolor y los suspiros, por sobre la corriente de fuego purificadora, y tan pronto como toman del agua del suave Leteo, a las almas de los muertos las embarga un profundo olvido de la última vida terrestre.

Poseidón se convirtió en señor por sobre todas las aguas y el extenso mar. Vive en un palacio reluciente de olas en la profundidad del mar y viaja con su corcel salvaje sobre las olas, agitando con el tridente las ondas de la corriente salada, para que espumeen alborotadas. Él porta y sostiene a la Tierra rodeada de mar; aunque con el tridente golpee las costillas de la Tierra, y la haga estremecer hasta los cimientos. Él ama vivir en las precordilleras, es un dios fuerte, tumultuoso e incontenible, con la cabeza cubierta por oscuros rizos. Sus ojos radiantes brillan azulados como el mar. Una mirada del regente del mar y las olas atronadoras se tranquilizan.

Sobre la Tierra, sin embargo, la residencia de los mortales, todos, Zeus, Poseidón y Hades, participan por igual.

Así fueron divididos entonces el reino y el poder de los dioses. Pero el nuevo orden del mundo no fue ni afirmado ni asegurado de esta forma.

La misma Gaia estalló en ira contra Zeus y los dioses olímpicos. De mala gana tomó a los Titanes derrocados. Pero luego tuvo la esperanza de que los dioses probaran su honor y pasaran su vida en sus corredores verdes. Pero Zeus permaneció con los celestiales a lo lejos en el Olimpo. Allí determinó la guerra contra los arrogantes dioses superiores. Una nueva estirpe de gigantes surgió de la Tierra a partir de las últimas gotas de sangre de Urano, los Gigantes de pies de dragón.

Desenfrenados y llenos de exuberancia retozaron en los desfiladeros del Norte desértico. Incitados por Gaia se obstinaron en quitarle el dominio a Zeus. Avanzaron por los desfiladeros y las gargantas de la cordillera de Tracia y se reunieron para la batalla ruidosamente en el valle de Flegrai. Con troncos ardientes y rocas poderosas partieron rugiendo hacia la montaña de los dioses. Allí amontonaron montañas enteras para invadir el Olimpo.

El relampagueante soberano del cielo, que con el poder del trueno fulmina la amplitud del cielo, los esperaba con los suyos. Rayo tras rayo arrojó él contra los invasores. A su lado atacó Poseidón con el tridente y Apolo lanzó relampagueantes flechas con un arco plateado resplandeciente. Los demás dioses también lucharon, defendiéndose con otras armas. Durante mucho tiempo se debatió la lucha entre uno y otro bando.

Entonces resonó por encima del ruido de la batalla el sonido estridente de las flautas y los címbalos. Haciendo ruido se aproximó Dionisios con racimos de uvas y su bastón de hiedra ornamentado, acompañado de panteras y faunos bulliciosos, Sátiros descalzos y Ninfas danzantes.

Cuando Apolo lo vio venir, le gritó iracundo:

-¿Cómo, cobarde lascivo, te atreves a acercarte a nosotros en semejante trajín, donde en dura batalla nos enfrentamos contra estos rebeldes y desmedidos criminales?

Y Dionisios le replicó alegremente a su hermano:

-No te encolerices, severo Apolo, mira, tus rígidas flechas chocan inútilmente en los cuerpos de los Gigantes. Pero con mi bastón adornado de hiedra los derribaré. Y volteándose hacia Zeus, exclamó: -Permítenos Padre, a mí y a mi hermano tebano combatir en vuestras filas. Pues en nuestras venas fluye sangre humana. Y sólo si los mortales se unen a vuestra batalla, la victoria por sobre los hijos de la rebelión es segura.

Zeus envió a Palas Atenea a buscar a Heracles, para que vaya allí y junto a Dionisios luche contra los Gigantes. Éstos eran inmunes a las armas de los dioses, pero no lo eran frente al arma de un mortal.

Cuando Gaia observó la artimaña, hizo crecer rápidamente una hierba mágica, que protegería a los Gigantes contra las armas de Dionisios y Heracles.

Pero Zeus se dio cuenta de esto. Entonces impidió al Sol que irradie sobre la Tierra, y tampoco la Luna y la Aurora podían aparecer. En la oscuridad del crepúsculo surgió Zeus sobre la Tierra en la forma de un águila y cortó la hierba mágica, que había crecido allí para el poder de los Gigantes. Pero ellos aún luchaban con un coraje ininterrumpido en la oscuridad de la noche. Uno de los más fuertes escaló el Olimpo a la luz de una antorcha y exclamó mofándose: -¡Desciende, elevada Hera! Conviértete en mi esposa y yo te haré la Reina de la Tierra.- Y los demás gigantes asintieron, pegando alaridos de aclamación, gritando:

-Te saludamos, Hera, Reina de la Tierra!

Ardiendo de ira Zeus lanzó un rayo contra el valiente agitador, de tal forma que éste cayó de espaldas y retumbó en las profundidades. Pero Gaia, la Madre Tierra, le dio a él como a los demás derrocados una nueva fuerza, y de esta forma se levantó éste fortalecido para seguir la batalla. Como una tormenta se debatió entonces la lucha. Únicamente delante de Dionisios se echaron atrás los Gigantes. En sus viñas se emborracharon los revoltosos y se tambalearon hacia el suelo. Luego, con un bastón, él les hizo pedazos la frente rocosa, de tal manera que ninguno se levantara más.

Al debido tiempo acudió Palas con Heracles en su ayuda. Su piel de león relucía desde lejos. Rápidamente subió al carro de su padre y juntos viajaron hacia el tumulto de la batalla. Zeus despedazó a los Gigantes con sus rayos en las profundidades y Heracles les disparó a los derribados con sus flechas mortales. Al más viejo y más salvaje de ellos, a Porfirio, el que había cortejado a Hera, no le pudieron hacer frente. Siempre se levantaba de sus derrotas, y las mismas flechas envenenadas no lo mataban. Entonces Heracles saltó del carro, lo tomó con su puño de hierro y lo sostuvo en las alturas. Liberado de la Tierra, se le redujo la fuerza. Heracles lo tiró entonces al mar y las olas se lo engulleron. Cuando Heracles regresó al Olimpo, todo era alboroto de batalla y griterío de agonía. Los rebeldes yacían muertos en el campo de batalla.

Entonces Zeus hizo señas al Sol y reluciente vertió él su flujo de luz sobre la Tierra. Tocados por los rayos solares, los cuerpos de los Gigantes se corrompieron y se unieron a la Tierra de la cual habían surgido. Sólo las hijas de la raza de los Gigantes, que no habían combatido, permanecieron con vida. Ellas se casaron luego con los hijos de los hombres y se convirtieron en madres de los pueblos fuertes, que viven en el desértico Norte.

Cuando hubo acabado toda batalla, Dionisios se levantó sonriendo alegremente con su nuevo bastón de hiedra. Los alegres Faunos y los espíritus del bosque se reunían descalzos alrededor de él y de las Ninfas jocosas del bosque y hacían sonar las flautas y estallar los címbalos. Regocijándose comenzaron una murmurante danza de la victoria. Todos los dioses se mezclaron y sumaron también a Heracles a la ronda. Hasta el mismo Zeus giraba en poderosos remolinos.

Así festejaron los olímpicos danzando su victoria sobre los hijos de la rebelión. Y recién ahora el dominio de Zeus fue asegurado en todos los reinos.

La sabiduría reinante se expandió de aquí en adelante en el mundo y creó armonía entre los Celestiales y paz, bienestar y justicia en el reino de los mortales sobre la Tierra. A todos sus hijos e hijas les indicó Zeus un ámbito, en el que deberían actuar y gobernar para el progreso eterno y la bendición del mundo y del género humano.

Hefestos construyó entonces para la nueva estirpe divina, magníficos y relucientes palacios en las alturas del Olimpo. Allí se reunieron para dar consejo, desde allí gobiernan el mundo y se inmiscuyen en el destino de los mortales. En el Olimpo envuelto en nubes, privados de la mirada de los mortales, viven los dioses en eterna juventud; despreocupados, alegres y alimentados por el néctar y la ambrosía, que los mantienen en la inmortalidad.

Bien por los mortales si los reverencian y si les otorgan perfumadas ofrendas. En plenitud entonces les fluye la dádiva de los todopoderosos y eternos dioses.

2
PROMETEO

Cuando desde el oscuro Caos y mediante el obrar de los poderes celestiales nació la luz, cuando a partir de la tempestad primigenia circundante surgieron la Tierra fértil y el cielo estrellado, y el mar y su arremolinado caudal marcaron los límites; cuando las montañas se alzaron imponentes, y la Tierra hizo brotar plantas hacia el Padre Cielo en todos los tonos de verde, los animales cobraron vida y retozaron en el aire, en el agua y en la Tierra; allí creó Prometeo, un titán de la antigua estirpe divina, a los hombres de la Tierra.

Humedeció arcilla, la amasó y formó a partir de allí un cuerpo humano, al que dio forma según la imagen de los dioses. Luego tomó de las almas de los diferentes animales las cualidades, buenas y malas, las mezcló y las encerró en el pecho del hombre. Así animó él a su criatura.

Los Celestiales admiraron su hacer, y Palas Atenea, la virgen espléndida surgida de la cabeza de Zeus, le sopló a la nueva criatura un hálito del espíritu divino. De esta forma el Hombre se convirtió en el ser más perfecto sobre la Tierra.

En la época en la que Cronos, el hijo todopoderoso de Urano y de Gaia, era el regente del mundo, vivían los dioses y los hombres aún en estrecho contacto.

En eterna primavera concedía la Tierra sus frutos en plenitud para los hombres y las bestias. Durante largo tiempo permanecieron los hombres en fresca juventud, no conocían ni la fatiga del trabajo ni la enfermedad o el temor a la muerte.

Cuando su tiempo terrestre expiraba, eran transportados en un apacible sueño hacia una nueva existencia. Pero cuando Zeus, el hijo de Cronos, en una larga y violenta lucha destronó a su padre del dominio del mundo, allí lo ayudó Prometeo con su astucia y su fuerza. Prometeo reconoció anticipadamente que la victoria resultaría para el hijo de Cronos y por eso se puso a luchar de su lado.

Después de que Cronos fuera vencido y la raza de los Titanes fuera desterrada al Tártaro, el orden y la medida del mundo fueron para el nuevo regente. Los dioses todopoderosos retiraron la mirada de los mortales, erigieron sus tronos en la cumbre del Olimpo envuelto en nubes y se les aparecieron sólo de vez en cuando a sus amadas criaturas.

Zeus acortó la duración de la templada primavera, a la que le dejó suceder una estación de calor tórrido y una de tormentas y frío punzante, en la que la Tierra estaba desierta y hacía un frío terrible. Indefensos, los hombres buscaban refugio en cuevas y bosques. – Si el sol calentaba todo nuevamente, la Tierra daba de nuevo abundantes frutos, de tal forma que los hombres no pensaban en juntar provisiones para las épocas de necesidad; pues no sabían reconocer por sus señales el cambio de las estaciones del año. Como deambulando en sueños, erraban indefensos alrededor de la Tierra. Zeus los quería dejar vivir en la bajeza, pues temía que esta raza también pudiera elevarse y, siendo consciente de su grandeza, e igualar a los dioses.

Pero Prometeo se compadeció de los hombres y decidió ayudarlos. Osadamente y a pesar de la voluntad del nuevo soberano del mundo, viajó a la isla de Lemnos y descendió sobre la montaña que lanzaba fuego, donde el artista Hefestos guardaba el fuego en una caverna. Prometeo encendió una antorcha en la llama divina y se apresuró a llevar el fuego radiante a sus protegidos.

Junto a ellos les enseñó a utilizar y conservar la fuerza del fuego. Les construyó una casa y una estufa, los guió hacia los oscuros pasajes de la Tierra para excavar y buscar el bronce y los metales, a derretirlos en el ardor del fuego y a forjarlos en herramientas y armas. Domó al toro salvaje y lo obligó a colocarse en la yunta del arado, y les mostró a los hombres cómo debían cultivar los sembradíos. Cortó delgados troncos de abeto, construyó barcos y alentó a los hombres a confiarse al mar arrollador. Les enseñó a observar el paso de los astros y les mostró las medidas, los números y el arte de escribir en signos. Pero también en sus sueños los instruyó para descubrir, a partir del vuelo de los pájaros y las ofrendas, la voluntad de los dioses. De esta manera encendió él la fuerza luminosa de los pensamientos en las almas de los hombres y los condujo a un obrar significativo. Por eso los hombres veneraban a Prometeo como su padre y protector. Zeus, sin embargo, observaba a los hombres con creciente envidia.

A Prometeo le agradó fijar su residencia entre los hombres. En una caverna de montaña estableció una fragua. Desde el amanecer al atardecer sonaba el claro timbre del yunque, pues el artista e inventor trabajaba sin descanso.

No muy lejos de su gruta rocosa, en la florida Au, vivía Epimeteo, su hermano, bajo un toldo frondoso. Si el primero de ellos era amigo de los hombres, activo e inquieto, inteligente y previsor, el segundo en cambio, amaba sumergirse en la soledad, meditando en las imágenes de sus sueños. Después de que Prometeo les hubo arrebatado el fuego, le aconsejó a su hermano que tenga cuidado de los dioses, pues presentía, que Zeus se vengaría.

Zeus, rencoroso, estaba sentado en el Olimpo y cavilaba acerca de cómo derribar de manera siniestra a aquella cabeza de cabello rizado, en cómo compensar el atrevido acto del titán, que contra su plan y su voluntad, les había llevado el fuego a los hijos mortales de la Tierra. Entonces llamó a su siervo más fuerte, Cratos, la fuerza, y a Bía, la violencia, y les ordenó a apresar a Prometeo y forjarlo a la cadena montañosa del Cáucaso.

Ellos arrastraron al encadenado hasta la lejana tierra esquítica, a un desierto vacío de hombres y vegetación, y lo forjaron con los brazos extendidos a las escarpadas y encumbradas rocas del Cáucaso. Sólo el cielo tenía sobre sí y bajo sus pies el negro y ondulante mar.

Sin llanto ni queja dejó el titán que lo esclavizaran, sin que le afectaran la ironía y el desprecio de los siervos. Pero cuando estuvo solo, no lo oprimió más el dolor corrosivo de la ira. Se elevó sobre las rocas, se afianzó en la Tierra, que temblaba y se estremecía, y gimió; despiadadamente se desgastó el rugiente y espumante oleaje de su llanto.

Pronto sobrevoló las rocas un águila poderosa, enviada por Zeus, que descendió veloz como una flecha y le arrancó a Prometeo un pedazo de hígado del cuerpo, se lo devoró y se elevó de nuevo en el aire. El hígado sin embargo, debido a su sabiduría e inmortalidad, crecía nuevamente durante la noche, se regeneraba, y otra vez aparecía el águila y renovaba día tras día el tormento del esclavo.

Los seres divinos suturaban a la víctima y la aconsejaban a dejar atrás su orgullo y entregarse a la voluntad del lanzador de rayos. Prometeo, sin embargo, permanecía inmutable. Desde una época antigua había guardado él en su corazón un secreto acerca del final del dominio del Padre divino. Zeus le exigía que se lo revele; pero Prometeo se rehusaba a claudicar, aunque sí así lo hacía, sería liberado de las ataduras. Entonces Zeus lanzó rayos y truenos hacia los oscuros abismos del Tártaro y juró que el orgullo llegaría nuevamente al mundo de la luz, si un ser divino osaba descender por su propia voluntad al mundo subterráneo.

Zeus les dejó el fuego a los hombres; pero para compensar el impulsivo acto de Prometeo, ordenó a Hefestos, dar forma a una virgen a la que animó con exhalación divina. Todos los inmortales le otorgaron dones –por eso fue llamada Pandora, la portadora de todos los dones. Hermes, el mensajero de los dioses la condujo hacia Epimeteo. Resplandeciente como Hera, encantadora como Afrodita y noble como Palas Atenea, la mujer le pareció igual que una diosa, cuando con sus pies ligeros entró a su cabaña. Seducido por su encanto, Epimeteo la desposó. Ella trajo como regalo de bodas de los dioses una bella vasija. Epimeteo, olvidando la advertencia de su hermano, la tomó. Cuando, en un rapto de locura, abrieron el recipiente, escaparon ráfagas siniestras con todo tipo de males: la enfermedad, la necesidad, el deseo, la envidia, la mentira; que se escabulleron y se mezclaron entre los hombres.

Reflexivo como era, Epimeteo le puso rápidamente la tapa; allí había quedado un único bien: la esperanza, que solamente conservan los mortales. Al conmocionarse él, Pandora desapareció, dejándole en su alma el doloroso recuerdo de su figura luminosa.

Cuando el tiempo fue cumplido, Prometeo fue liberado por Heracles. Y cuando el hijo de Zeus se marchó por el mundo para buscar la manzana dorada de las Hespérides, llegó a las lejanas tierras esquíticas, donde el Cáucaso se alzaba imponente hacia las nubes, y vio a la poderosa águila volando sobre Prometeo. Heracles le suplicó a Zeus liberar a la víctima de su tormento. El rey de los dioses no podía rechazar el pedido de su amado hijo; además, después de tanto tiempo, finalmente sentía asegurado su dominio en todos los mundos y estaba de un ánimo más benigno y compasivo. Cuando el águila se elevó nuevamente hacia el Olimpo, Heracles la aniquiló con un disparo mortal de su flecha. Ahora sólo restaba liberar a Prometeo del Cáucaso. Para eso mandó a buscar a Quirón, el sabio Centauro.

Tiempo atrás y contra su voluntad lo había alcanzado con una flecha envenenada; y desde entonces se consumía Quirón con terribles tormentos en su gruta y sin embargo no podía morir.

El Centauro estaba dispuesto a descender al Tártaro por Prometeo y de esta forma abandonar la suerte de la vida eterna. Con esto cumplió el juramento de Zeus, y tronando cayó Prometeo junto con las rocas, de las que colgaba, hacia abajo del Cáucaso.

Ahora reveló Prometeo lo que había conservado en su corazón de manera desafiante: Zeus hubiera podido prolongar la duración de su dominio, si no se hubiera unido a Tetis, la hermosa hija de Nereo, y ella hubiera desposado a un mortal; pero de este matrimonio con Tetis le nacería un sucesor, que lo derrocaría. Cuando Zeus percibió esto, Heracles rompió las ataduras de la gran víctima, y Prometeo fue liberado.

Prometeo fue aceptado nuevamente en el círculo de los dioses. Pero por mandato de Zeus, como recordatorio permanente de su sometimiento, debió llevar un anillo en el dedo con una piedra de las rocas del oscuro Cáucaso.

3
DEUCALIÓN Y PIRRA: DEL GRAN DILUVIO

Antiguamente vivían los hombres en dichosa comunidad con los dioses. A menudo recibían a uno de los Celestiales en sus chozas o eran sorprendidos por ellos, cuando labraban los campos o cuidaban el ganado. Ellos se sentían seguros y protegidos en la gracia divina. Pero luego los mortales soltaron las amarras y se liberaron. Así como el muchacho o la muchacha abandona a sus padres, de esa manera los hombres se hicieron independientes, empezaron a pensar y a decidir por su propia fuerza y se enfrentaron orgullosamente contra el orden y la conducción de los Celestiales.

Pero en la misma medida en que los hombres desafiaban a los dioses, se extendía entre los mismos el conflicto y el rencor. Los buenos modales, el amor a la verdad y la fidelidad menguaban, allí donde el egoísmo, el engaño, la decepción, el sacrilegio y la violencia ocupaban su lugar.

Esto se llegó a oídos de los dioses. Zeus tenía la esperanza de que los rumores acerca de la maldad de los hombres fueran meras exageraciones, y decidió examinar él mismo cómo era el asunto.

De esta forma abandonó el Olimpo envuelto en nubes y fue a deambular sobre la Tierra irreconocible bajo la forma humana. Pero lo que vieron sus ojos era peor aún que lo que habían percibido sus oídos. El salvajismo y la crueldad se toparon con él por todas partes. Sólo en dos criaturas humanas, en Deucalión y en Pirra, quienes vivían cerca del santuario de Dodona, encontró cortesía y devoción.

En su travesía por Arcadia buscó, cuando ya caía el ocaso, la casa del rey Licaón.

Cuando traspasó el umbral, dio a conocer mediante una señal, que se aproximaba un dios, y la servidumbre lo presenció con devota admiración y deseó honrar al forastero. Pero el rey se rió desdeñosamente, les impidió realizar las costumbres devotas y exclamó en tono burlón:

-Dejadme ver, yo descubriré mediante una prueba segura, si el extranjero es un hombre o un dios.

Él mandó matar a un prisionero de guerra, hizo preparar un banquete y le ofreció esa comida como cena a su huésped. Pero Zeus se enojó al darse cuenta de esta atrocidad, se levantó en silencio de la mesa y abandonó el palacio. En llamaradas de ira lanzó un rayo hacia la casa del asesino. En un instante las llamas azotaron puertas y ventanas, el techo se derrumbó ardiendo y los muros se quebraron por el ardor y el calor.

Gritando se salvó el rey del palacio, pero su grito se transformó en un aullido, su traje se rasgó en unos toscos harapos, sus brazos se transformaron en patas peludas, y de pronto empezó a caminar en cuatro patas y se convirtió en un lobo ávido de sangre.

La casa fue destruida y el criminal castigado, pero Zeus ahora se había decidido a exterminar a todo el despreciable género humano. Rencorosamente convocó a los dioses a reunirse a lo alto del Olimpo, y cuando los Celestiales hubieron tomado asiento alrededor de él, sacudió su poderosa cabeza enrulada, de tal forma que la Tierra se estremeció, y con un profundo suspiro, dijo:

-Nunca había estado tan preocupado por la existencia de mi reino, pues desde que la Tierra fue poblada, no he encontrado otra cosa que maldad, arrogancia y rebelión. La raza humana debe ser erradicada.

Y cuando contó todo lo que había visto y experimentado, los dioses aprobaron su decisión. Sin embargo algunos preguntaron tímidamente:

-¿Y quién nos brindará a nosotros los dioses incienso y ofrendas de aquí en adelante? -Pero Zeus los consoló y les dijo sonriendo:

-Yo poblaré la Tierra con una raza nueva y mejorada.

Y entonces elevó su diestra y quiso lanzar flameantes rayos, pero los dioses tuvieron miedo de que el éter celestial se encendiera, los ejes de la Tierra se derritieran, el cielo estrellado colapsara y la Tierra se hundiera en un mar de llamas.

Entonces Zeus reflexionó y dijo:

-Enviaré un diluvio a la Tierra que durará nueve días y nueve noches, de tal manera que todo lo viviente se ahogue en las aguas ascendentes.

De inmediato encerró todos los vientos, que despejan las nubes del éter azul, en las bóvedas y cavernas de Eolo. Sólo dejó que sople que viento del Sur que trae las lluvias. Éste jaló por encima de la Tierra con una vibración húmeda y poderosa, que cubrió las alturas con lúgubres velos. Entonces comenzó a llover a cántaros y el agua se escurrió por todos lados. Y juntó a todas las nubes y las presiono con su puño poderoso, y el agua se derramó sobre la Tierra en tormentas. La inundación bramaba tempestuosa. El aire entero se había ensombrecido por el crujir quejumbroso. Los ondulantes sembradíos fueron azotados, el trabajo y la esperanza del campesino yacieron destruidos.

Y el dios del mar y de las aguas fluyentes, Poseidón, acudió en ayuda de Zeus. Con su tridente agitó la rugiente corriente salada y desató una violenta tempestad, y desde todos los océanos y mares rodaron las olas sobre la orilla. La Tierra se estremecía y retumbaba. El agua manaba de todas las cuencas, surgiendo de todas las fuentes, arroyos y ríos. Y las aguas subían y subían y cubrían praderas y campos, chozas y bosques. Los hombres se quejaban y lamentaban, se ponían a salvo sobre techos o árboles, subían a colinas y a montañas o utilizaban de barcazas a sus propias casas. Pero las olas hacían pedazos las barcazas, la marea cubría progresivamente colinas y montañas, y lo que no exterminaba el agua, lo mataba el hambre tortuosa. Incesantemente susurró la lluvia desde el cielo asestado de tristeza. Tempestades poderosas arrasaron la marea, azotando ante sí a las olas y nubes. Ni el sol, ni la luna, ni las estrellas fueron visibles durante los nueve largos días y noches.

Los mismos dioses tuvieron temor. Desvaneciéndose, rogándoles un cese a los elementos desatados, lamentaron la decadencia del mundo bello, y gimiendo, se arrepentieron de haber aprobado esta destrucción.

En la tierra de Fócida había un monte, el Parnaso, residencia sagrada de las Musas. Su cima doble se alzaba por encima del oleaje, elevándose libre de la marea hacia la oscuridad nocturna. Y alrededor de él se extendía el vacío desierto del mar.

Cuando, después de nueve días y nueve noches, Zeus le rogó a la furiosa tormenta que se detuviera, las nubes que traían lluvia se aligeraron, y el sol apareció pálidamente a través de las nubes, entonces de la cima de la montaña sagrada bajó un arca cerrada y luego de un largo deambular, permaneció quieta. De la misma descendieron Deucalión, el hijo de Prometeo, y Pirra, su mujer, la hija de Epimeteo y de Pandora.

Hermes, el mensajero de los dioses, les había aconsejado a estas criaturas piadosas, que construyeran un barco fuerte y bien cubierto, que juntaran provisiones y las conservaran en el arca. –Otros cuentan, que habría sido Prometeo, el que en sabia providencia, les dio este consejo. Deucalión actuó como le dijeron y cuando llegó el diluvio, subió con su mujer al arca.

De esta forma, con la voluntad y el saber de los dioses, evadieron la destrucción como los únicos seres autorizados a hacerlo.

Las olas inundaban aún todo alrededor y la luz todavía luchaba con las nubosidades, cuando Deucalión, parado en la cima de la montaña, alzó sus brazos y agradeció a Zeus y a todos los Celestiales por su salvación. Prendió entonces un fuego y brindó abundantes ofrendas. Cuando el humo de las ofrendas ascendió al cielo, se reunieron todos los dioses y se alegraron por la magnífica y anhelada fragancia.

Zeus y Poseidón retiraron las aguas. La Tierra bostezó, y lentamente fue absorbiendo las aguas a borbotones. El cielo de a poco se aclaró, las colinas y las montañas se hicieron visibles y desde las aguas descendentes emergieron los bosques y los campos. Los ríos volvieron a fluir nuevamente hacia sus lechos en sus cordones de plata, los lagos y los mares encontraron de nuevo sus orillas, y la Tierra brilló elevándose hacia el cielo con un fresco resplandor.

Entonces Deucalión descendió con Pirra del Parnaso hacia la llanura. Pero ningún sonido penetró en su oído; la Tierra estaba muda, vacía y desierta. Ellos lloraron y se lamentaron:

-¿Qué haremos nosotros dos solos en la Tierra desierta?

Y así decidieron averiguar la voluntad de los Celestiales e ir hacia Delfos, al pie de la montaña, donde Temis, la arcaica administradora de la ley y la justicia, otorgaba por entonces sus profecías.

Cuando alcanzaron los escalones del altar, que aún yacía allí en ruinas, se pusieron de rodillas, besaron la Tierra e invocaron con los brazos levantados:

-¡Da, oh Temis celestial, nueva vida al mundo sumergido; devuelve la Tierra al pueblo de los hombres! -Entonces percibieron la voz divina:

-Retornad al templo, desabrochaos las vestiduras, cubríos la cabeza y arrojad detrás de vosotros las cenizas de la madre.

Extrañados escucharon la instrucción. Pero luego Pirra se puso a llorar diciendo:

-No puede ser que los dioses me demanden que cometa un sacrilegio y ofenda la sombra de mi madre, esparciendo sus restos sobre la Tierra.

Deucalión reflexionó acerca de las oscuras palabras de la diosa. Entonces el significado le fue claro. Consoló a Pirra y le dijo:

-Si mis sentidos no me engañan, con la palabra madre nos da a entender a la Tierra, la gran creadora. Los restos en el cuerpo de la Tierra son las piedras; que tenemos que arrojar hacia atrás.

Entonces descendieron ambos alegremente por el valle junto al arroyo, desabrocharon sus vestidos, cubrieron sus cabezas y arrojaron las piedras tras de sí. Y las piedras arrojadas se transformaron y tomaron progresivamente forma humana. Vagamente fue surgiendo la misma como la imagen en el escultor, cincelada a partir de la piedra en bruto, pero cada vez más fina y definida. Lo que en las piedras era húmedo y arcilloso se convirtió en carne, lo que eran las nervaduras, devinieron en venas, por las cuales fluye la sangre, y lo firme se transformó en los huesos. De esta forma, y a partir de la voluntad de los dioses, nacieron hombres de las piedras que tiró Deucalión; y las piedras que arrojó Pirra tomaron la forma femenina. De este modo fue poblada la Tierra con una nueva estirpe humana.

Pero también los animales se renovaron sobre la Tierra. Cuando el sol calentó la ciénaga que había dejado atrás la inundación, se activaron en ella la vida y el movimiento nuevos. Múltiples figuras brotaron de las semillas y salieron a la luz, y las numerosas razas de animales se propagaron sobre la Tierra, el agua y el aire.

Deucalión fue el rey de los hombres que se originaron de los restos de la Tierra. Se trasladó con su pueblo a Tesalia y gobernó allí feliz durante un largo tiempo. Un hijo les nació a él y a Pirra, al que llamaron Helén. De Helén y de sus hijos provienen las muchas ramas del pueblo, que se conoce con el nombre de "helenos" y que vive en la divina Helas, es decir en la divina Grecia, rodeada de mar.

4
APOLO

Al igual que desde el seno de la oscura noche surge la luz, resplandeciente y festiva, así dio a luz Leto, la obscura, al dios del cielo Apolo, el puro, el radiante, el sanador y vencedor de todo lo oscuro y lo malo, el predicador de la voluntad cósmica divina, el dios del culto ceremonial, de la armonía y de la justicia.

La bella Leto de la estirpe de los Titanes fue amada por Zeus. Pero ella debía compensar este amor con el odio más feroz de Hera, pues la reina de los dioses la perseguía llena de celos. Cuando se acercó la época en la que Leto debía otorgar la vida a un dios poderoso, Hera juró en nombre de todos los lugares de la Tierra a los que les daba el sol, que no dejaría en paz a Leto, ni la dejaría dar a luz. Así fue como la diosa vagó con sus oscuras vestiduras de lugar en lugar, de país en país. Por todas las montañas, por todas las islas de Grecia imploró Leto sin excepción que la dejaran parir allí, pero ellos se estremecían y se negaban a acoger a la suplicante, por temor al poderoso dios que ella debía dar a luz.

Los mismos campesinos la ahuyentaron, cuando se acercó a una fuente a beber agua. Entonces, como castigo, Leto transformó a los insensibles en ranas croantes. Finalmente la Tierra se compadeció e hizo aparecer una isla desde la corriente del mar, completamente yerma, un peñasco desnudo, ofrecido solamente como refugio a las gaviotas y a los pescadores. Como recién se hizo visible después de que Hera hubo hecho el juramento a la Tierra, entonces esta isla pudo acoger a Leto.

Pero la misma Delos, como fue llamada la isla emergente, temió ante el dios, hizo que Leto hiciera un juramento santo, le hizo prometer que el joven dios, al sentir ira debido a su pobre lugar de nacimiento, no iba a despreciar a la isla con una patada en la marea. Poseidón la afirmó con cuatro imponentes columnas al fondo del mar, y Leto le auguró, que ella, aunque despojada, como isla de nacimiento de Apolo, sería una estrella que iluminaría ampliamente la oscura Tierra.

Nueve días y nueve noches esperó Leto con dolores el nacimiento del hijo divino. Las diosas del cielo la rodeaban servicialmente. Pero Hera, conspiradora, retenía a la diosa del nacimiento allí arriba en el Olimpo entre nubes doradas, para que ella no se diera cuenta de nada.

Las diosas preocupadas enviaron a Iris como mensajera al Olimpo envuelto en nubes, para que fuera a buscar clandestinamente a la partera divina. Iris le prometió darle un collar trenzado con hilos de oro de nueve cúbitos. Rápidamente siguió la diosa a la enviada celestial. Como dos palomas se lanzaron hacia Delos. Y tan pronto como Leto se arrodilló en el blando césped, la abrazó la palma sagrada, la Tierra sonrió y de su seno salió a la luz Apolo, magnífico y bien formado. Exultantes lo saludaron todas las diosas. Lo bañaron en el agua clara, y lo envolvieron cuidadosamente con un lienzo blanco resplandeciente atado con una cinta dorada. Temis, la antigua profeta y administradora de la justicia le ofreció néctar y ambrosía con sus manos inmortales. Entonces cayeron al suelo inmediatamente las cintas doradas y el lienzo resplandeciente. Apolo, erigiéndose en brillante esplendor, tomó arco, flecha y la lira dorada que Zeus le había otorgado y dijo:

-¡Amados séais, arco y lira! ¡Yo anunciaré a los hombres con mis sabias sentencias la indefectible voluntad de Zeus!

Y allí caminó, serio y majestuoso, el dios luminoso, con sus rizos ondulantes y las flechas tintineantes, e iluminó a toda

Delos con un dorado resplandor. La isla floreció y todo alrededor se perfumó magníficamente. Hasta la misma marea oscura se elevó saludando, movida por la apacible exhalación del viento. Resplandecientes cisnes de la tierra de los Hiperbóreos rodearon siete veces la isla cantando, cuando Apolo vio la luz, y las amadas Ninfas de Delos cantaron también. Toda la isla se iluminó y resonó, al igual que una estrella que ilumina vastamente. Y por encima de las altas e imponentes cumbres caminó el hijo de la alabada Leto, tocando su lira; y así se elevó hacia el Olimpo e ingresó cantando entre los dioses reunidos. Maravillosos sonidos y armonías fluían de su lira, que penetraban por todas las esferas de manera vivificante. Las Musas entonaron una antífona y alabaron los dones celestiales de los dioses; celebraron la creación del mundo y cantaron acerca de las tribulaciones de los hombres y de su destino impuesto por los dioses, y de cómo ellos viven de manera imprudente y atolondrada, sin escapar de la edad ni restablecerse de la muerte.

Las diosas de la gracia, las Carítides y las alegres Horas, la amada Armonía y Hebe, la diosa de la eterna juventud y de la alegría de vivir: todas ellas danzaron junto a Afrodita, tomándose de las muñecas; también Artemisa, de estatura magnífica, la ágil cazadora, hermana de Apolo, Hermes y el mismo Ares bailó en el coro rebosante de alegría. Apolo tocó la lira y encabezó el grupo, festivo y brillante, como bailarín y conductor de las Musas. Toda la historia de la Creación entonó Apolo con vibrante armonía, uniendo en una sola canción el principio y el final. Leto, la de rizos dorados, y Zeus, el padre de los dioses y los hombres, miraron y escucharon alborozados el baile y el canto de su hijo en el círculo de los dioses eternos.

Pero luego Apolo descendió a la Tierra para buscar un lugar, donde pudiera anunciarles a los hombres los veredictos del destino del sabio gobernante cósmico. Después de mucho buscar, llegó al valle de Pleistos, que, escurriéndose por estrechos desfiladeros, llegaba hasta la fértil llanura de Crisa que desembocaba en el mar. Allí arriba en las montañas moraba Tifón, un enorme dragón, en el tenebroso abismo terrestre, cerca de la fuente de Castalia y allí cuidaba del santuario de Temis, la diosa de la Tierra. Hera había creado a Tifón desde la Tierra por envidia e ira hacia Zeus. Desde las montañas del valle superior de Pleisto hacia la planicie fue arrastrado el dragón. Devastó los campos, persiguió a las Ninfas, despedazó hombres y ganado y se tragó ríos enteros. Por mucho tiempo habitó allí dejando la región devastada.

Cuando Apolo apareció en el valle, el dragón avanzó lentamente con su ardiente mirada rojo sangre desde la oscura grieta y se colocó frente a él resoplando salvajemente. Apolo colocó una flecha en el arco y tensó la cuerda. La flecha plateada atravesó el aire y penetró al monstruo en el cogote y la mandíbula. El gusano gigante comenzó a aullar, babeando y dando latigazos con la cola, levantando el polvo del suelo. El arquero lanzó una segunda flecha. El dragón se levantó jadeando y se arrojó sobre el oponente, donde lo penetró una tercera flecha que le dio en medio del corazón. Un grito aterrador sonó entonces, que retumbó horrorosamente en abismos y grietas; el dragón se retorcía en espasmos y exhalaba el último suspiro de su oscura vida.

-¡Yace aquí y púdrete! No traerás más miseria y ruina a ningún otro ser! -dijo el severo arquero, cerrando su carcaj.

Mediante la fuerza sagrada de la luz se desintegró inmediatamente el cuerpo del dragón, se pudrió en el fondo del valle, y la Tierra lo acogió. El oscuro dragón vencido por las flechas luminosas del dios, fue llamado desde entonces Pitón, el mohoso.

En el lugar donde Temis, la hija de Gaia, había anunciado el oráculo a os hombres hasta entonces y donde moraba el espantoso dragón, se estableció Apolo como vencedor. Él decidió asentar allí un templo y transmitir desde entonces a los hombres las inequívocas sentencias divinas por los motivos divinos profundamente ocultos.

Pero cuando Temis, la antigua profeta, fue expulsada de su lugar, Gaia se vengó. Ella creó rostros en los sueños de los hombres, mediante los que ellos descubrían todo lo que les concernía y también lo que acontecería en el futuro, cuando dormían en sus oscuros lechos nocturnos. De esta forma le robó la fama al gran vidente. Entonces Apolo se apresuró a subir al Olimpo y se quejó ante Zeus. Éste inclinó su cabeza y escuchó al suplicante. Zeus les eclipsó a los hombres la visión de estos rostros nocturnos de los sueños y le devolvió a Apolo nuevamente toda la fuerza y el honor de la profecía. También despertó en los hombres la confianza en la palabra divina, que Apolo les proclamaba, entronado en un taburete de tres patas por encima de la oscura hendidura terrestre.

Después de que Apolo hubo vencido al dragón, debió padecer un largo castigo, para purificarse de las manchas de sangre del dragón muerto. Para eso debió ingresar, según la determinación de los dioses, al servicio de un mortal y servirle como criado por el lapso de ocho años. Entonces Apolo se dirigió a Tesalia y cuidó allí a las ovejas y al ganado del rey Admeto, el preferido de los dioses. Y las manadas pastaban bajo su cuidado. Vertiginosamente se encrespaba la lana de las ovejas, alrededor de las vacas pastando se encontraban los becerros lactantes, y los corceles resplandecientes eran los más rápidos de todos.

Si el bello muchacho Apolo cuidaba a las ovejas tocando la flauta de los pastores o la lira, o llevaba ante sí a la manada apaciblemente a beber agua o la fresca pradera, emitía tan hermosos sonidos que toda la naturaleza resplandecía en paz y los mismos animales salvajes salían de sus escondrijos y lo seguían pacíficamente.

A menudo jugaba Apolo con las Ninfas de las fuentes en los floridos senderos o las perseguía en un alegre juego por barrancas y bosques, mientras ellas corrían con sus pies ligeros. Pero una de las Ninfas, la hija de Peneo, el dios del río, que fluye magnífico en el frondoso valle de Tempe, inspiraba el amor del dios. Pero ella se escabulló tímidamente de él como un cervatillo. Pues Eros, para vengarse de Apolo, le había disparado con una flecha, que le despertaba el amor, pero a la Ninfa en cambio, le había enviado una flecha mediante la cual ella rehuía a su amor. Cuando Apolo sorprendió a la bella ninfa sola, la persiguió y creyó atraparla; entonces la tímida criatura escapó, pidió ayuda a Zeus y éste la convirtió en un arbusto de laurel en el instante en que Apolo intentó abrazarla. El muchacho tomó una rama del mismo y coronó su cabeza con ella. Y desde allí en adelante llevó siempre una corona de laurel en recuerdo de Dafne, la tímida ninfa, a quien él amaba.

A veces Apolo visitaba a su hermana Artemisa, la cazadora, y cazaba animales salvajes en grietas y desfiladeros, derrotando y venciendo por todas partes a todo lo malo y lo salvaje. Junto con Artemisa combatió a Titios, el gigante nacido de la Tierra, quien se acercaba lascivamente a su madre Leto. Cuando las flechas de los hermanos lo alcanzaron, éste se sumergió en el mundo subterráneo. Allí un buitre le vacía diariamente el hígado, pero éste se le regenera con la luna creciente.

Cuando Apolo cuidaba las ovejas, le gustaba jugar un joven llamado Jacinto, a quien amaba. A menudo cazaban juntos en los bosques o se deleitaban jugando. Una vez, en el ardor del mediodía jugaron a lanzar el disco. Apolo tiró la piedra plana en primer lugar tan alto que llegó a las nubes. Cuando el disco cayó al suelo, Jacinto se apuró en ir a medir hasta dónde había llegado. Pero entonces el disco saltó rebotando del piso y golpeó al joven. Alcanzado por la muerte, el muchacho cayó pálido sobre la tierra. Apolo lo abrazó para darle calor, colocó hierbas curativas en sus heridas sangrantes, lo besó, lloró y rogó retener su alma, pero todo fue en vano. Así como una bella flor del campo se marchita y se desvanece bajo el ardiente sol del mediodía, así murió el hermoso joven. Fuertemente sonó el gritó de dolor del dios. Acongojado se inclinó Apolo sobre el muchacho y allí surgió de la Tierra a partir de la oscura sangre una flor en forma de lirio color púrpura oscuro en memoria de bello joven. Esta flor es el Jacinto. En los pétalos lleva el "ay, ay" del grito de pena del dios.

Una vez, después de la puesta de sol, se acercó furtivamente Hermes, recién nacido, a la manada de Apolo y le robó cincuenta vacas. El ladrón divino borró astutamente las huellas con ramas para que no fueran reconocibles. También intercambió las suelas bajo los pies para engañar a Apolo cuando lo buscara. Durante toda la noche llevó Hermes a la manada delante de sí, hasta que cerca del amanecer alcanzó la oscura caverna de Pilos. Allí escondió el ganado. Entonces Hermes se escurrió como un airecito de la gruta, en la que había nacido hacía poco, se echó en la cuna y se quedó yaciendo allí como un niño inocente.

Con las primeras luces del amanecer Apolo se levantó y se puso en camino para buscar el ganado que faltaba. Un anciano, que reparaba una cerca, le reveló, que el ladrón había pasado por allí a la noche, pero no sabía a dónde había llevado a la manada. Apolo no encontró el ganado, pero su sabiduría le indicó dónde encontrar al ladrón. Por eso se dirigió a Cilene, a la cima del monte nevado, donde yacía Hermes en una gruta ventosa. Él se agazapó en la cuna cuando apareció su gran hermano iracundo e hizo como que dormía. Apolo lo increpó violentamente y lo acusó del robo. Pero Hermes empezó a mentir en forma astuta, arqueando las cejas y guiñando los ojos de tal manera que el severo Apolo no pudo más que reír. Pero a pesar de esto agarró al muchacho rápidamente, lo jaló de la cuna y lo quiso forzar a que le devolviera el ganado. Pero Hermes se sabía defender, de tal manera que engañó a Apolo y éste lo soltó nuevamente. Peleándose y regañando determinaron ambos presentarse ante Zeus, para que juzgara el hecho, pues él equilibraría la balanza de la justicia en forma equitativa para ambos.

Ceremoniosamente estaba situado allí el Olimpo, y los dioses eternos se reunieron en el dorado amanecer, al presentarse ambos ante el padre de los dioses. Apolo se quejó de su hermano. Cuando Zeus escuchó la queja y la réplica del astuto muchacho, se rió fuertemente y se alegró de su inteligente vástago. Sin embargo determinó, que el astuto ladrón tenía que devolver el ganado de nuevo a su propietario. Y Hermes obedeció a su padre.

Para reconciliarse plenamente con Apolo, Hermes tomó su lira, que había elaborado artísticamente a partir del caparazón de una tortuga y extrajo de la misma sonidos encantadores. Entonces el brillante Apolo rió alegremente. El sonido de los tonos divinos penetró en su corazón y conmovió su alma. Y Hermes comenzó a cantar con una prístina voz. Alborozado celebró en su canción a los dioses eternos, comenzando por Zeus, para luego cantarles a todos los demás dioses, mientras sostenía en los brazos la magnifica lira. Los sentidos de Apolo cayeron en un indudable anhelo y entusiasmado exclamó él:

-¡Qué gran arte! ¡Qué canto que disuelve todas las preocupaciones! ¡Tú, ilusionista y prestidigitador, cincuenta vacas valen por lo que tú has cantado! Dime, ¿fue un dios o un mortal quién te dio este instrumento maravilloso y te enseñó este canto divino?

Hermes le contó entonces cómo había hecho el instrumento y agregó:

-¡Ya que tus sentidos desean tan fervorosamente tocar la lira, tómala, te la regalo! Tócala y vive en alegría resplandeciente. Llévala a los abundantes banquetes, interprétala en las rondas y fiestas de los mortales. Haz sonar alegremente sus cuerdas durante el día y la noche.

A partir de entonces ambos se reconciliaron y se amaron con un amor absoluto. De manos de su hermano mayor Hermes recibió un bastón dorado con dos serpientes entrelazadas, que desde allí en adelante portó el mensajero de los dioses, cuando ejecutaba la voluntad del Crónida y también, cuando conducía las almas de los muertos al mundo subterráneo, ante el trono de Hades.

Luego de la expiación, Apolo se trasladó a Pitios, por haber vencido al dragón, y permaneció como señor en Delfos. Pero allí no había aún ningún templo y faltaba el sacerdocio honorable y sacrificial. Por eso buscó sacerdotes que pudieran ofrecer sacrificios al santuario y anunciar las leyes.

Entonces vio a lo lejos en el mar inmarcesible un barco con las velas desplegadas con hombres provenientes de Creta, dirigiéndose hacia Grecia. El brillante Apolo se apresuró a ir a su encuentro. En la forma de un delfín saltó al mar y nadó hacia el barco negruzco hasta que llegó a la cubierta. Allí apareció él, un terrible monstruo. Cuando los hombres quisieron contemplarlo, se sumergió nuevamente en la oscura corriente llena de peces y se sacudió de tal manera que las vigas del barco se estremecieron y los hombres se cayeron mudos de espanto, no soltaron las cuerdas, no cambiaron de dirección las velas, sino que navegaron a merced del viento. Y de esta manera el barco se dirigió al puerto de Crisa, luminoso y reverdecido por las vides.

Entonces Apolo, el poderoso regente, saltó del barco al igual que una estrella en su más claro destello. Las chispas brotaban de él y su resplandor iluminaba el cielo. Todos los marineros se estremecieron. Pronto Apolo se contorsionó y se acercó al barco en la forma de un vigoroso joven con sus anchas espaldas cubiertas por rizos dorados, y les habló a los espantados navegantes:

-Tomad coraje, hombres que habitáis la boscosa Creta. No debéis retornar a vuestro hogar. No, allí donde destellan las rocas brillantes, se eleva el Parnaso, allí donde yo el brillante Apolo vencí al dragón es mi santuario, y allí será vuestra casa. Allí me serviréis como sacerdotes. Interpretad y dad a conocer a los hombres la sagrada determinación de los dioses, de la manera en que la experimentará la sacerdotisa a través de mi boca, sentada sobre el taburete sagrado de tres patas, coronada con laureles, por encima de los vapores ascendentes que ondean y serpentean desde la oscura grieta de la Tierra.

Tomad vuestros bienes del barco, erigid un altar en la rompiente del mar, encended un fuego y ofreced harina de cebada blanca, rodead el altar y brindadlo a los benditos dioses del alto Olimpo. A mí nombradme en la oración de la manera en que aparecí ante vosotros, como un delfín, en el barco rodeado de niebla: delfínico, y el templo allí arriba a los pies del Parnaso será llamado desde entonces el délfico.

Después de que hayáis realizado la ofrenda, preparad un banquete al costado del barco. Cuando hayáis saciado vuestro corazón con la vigorizante comida, seguidme y cantadme himnos honoríficos, hasta que alcancemos el lugar, donde alguna vez los hombres se juntarán en gran número brindando ofrendas y buscando consejo alrededor del altar y del luciente templo.

Así habló el dios. Los marineros escucharon sus palabras llenos de reverencia y ejecutaron todo de la forma en que les fue ordenado.

Cuando hubieron llevado a cabo la ofrenda y se hubieron fortalecido con el banquete, se levantaron y siguieron a

Apolo. Éste tomó la cítara divina e hizo sonar las cuerdas con golpes dorados, entonces el valle se llenó de maravillosos sonidos. Alto y magnífico caminó Apolo, cubierto por perfumadas vestiduras. Cantando himnos lo siguieron los cretenses hasta la oscura garganta, donde surge la fuente de Castalia y se eleva empinado el Parnaso.

Ved, allí sobre la oscura hendidura terrestre se halla un templo de un color dorado resplandeciente y muy perfumado, hecho de cera, construido por las laboriosas abejas. Esta delicada construcción será transportada a la dorada tierra de los Hiperbóreos, y allí se erigirá un segundo templo, construido por manos humanas según el modelo del primero, pero con cimientos firmes de roca dorada y reluciente. Y de la manera en que Apolo lo había predicho, así sucedió: desde cerca y desde lejos a través del inhóspito mar llegaron los hombres que hablaban en lengua griega hacia el templo, haciendo ofrendas, buscando consejo y cuestionando la sentencia del dios. Cuando ellos, purificados por el agua de Castalia, se dirigieron desde el bosquecillo hasta el templo luminoso, les resplandecieron a los que se acercaban las tres palabras de advertencia del muro y la cornisa del templo:

Todo con medida.
Conócete a ti mismo.
Tú eres un Yo.

Una convocatoria del dios al alma humana, a compenetrarse con su origen divino.

Lejos, más allá de las montañas, de las que bramaban los vientos tempestuosos, estaba la patria del pueblo de los Hiperbóreos. Ellos vivían en el país de la luz eterna, rodeado por montañas plateadas, y vivían llenos de una paz bendita, de sabiduría y de virtud. Era el amado pueblo sacerdotal de Apolo, que lo celebraba en elevados himnos y lo magnificaba sin excepción. Los sagrados grifos cuidaban allí inconmensurables tesoros de oro puro. De este país de la luz llegaban murmurando los cisnes resplandecientes, que rodearon cantando a Delos, cuando el brillante Apolo entró radiante a la Tierra. Zeus adornó a su hijo con una diadema y le obsequió la cítara dorada y el carro tirado por cisnes, que debía conducirlo a Delfos como profeta y juez de los helenos.

Pero los cisnes condujeron a Apolo al sagrado país de la luz, adonde estaban los Hiperbóreos, a su verdadera patria.

Hacia allí regresaba Apolo siempre en la estación seca del año, cuando los vientos tempestuosos rugían sobre el país, y desde allí lo llamaban e imploraban con sus himnos los helenos para que regresara, cuando el año comenzaba a renovarse en la distendida primavera.

Y cuando Apolo en el verano hacía su entrada resplandeciente, toda la creación se alborozaba: los ruiseñores cantaban para honrarlo, las golondrinas los saludaban en jubiloso vuelo, las mariposas y las libélulas lo abanicaban amablemente con sus ligeras alas y hasta las mismas cigarras chirriaban día y noche, inspiradas por el dios. Clara como la plata comenzó a fluir la fuente de Castalia, y el Pleistos bajo el valle de Delfos y todos los demás ríos susurraron con su oleaje. La aparición resplandeciente del dios de la luz fue festejada con júbilo por todas partes: en el mar, donde Apolo fue convocado a ser el protector de los navegantes, el que dispersó a las lúgubres nubes y apaciguó a las olas y los vientos; el dios de la juventud resplandeciente y la fuerza ágil; el acertado protector y vencedor contra el mal; el dios del bienestar y la sanación, de la paz, el protector de las calles, de los desprotegidos y los fugitivos.

El séptimo día del mes de la primavera toda Grecia celebraba el cumpleaños del dios y de la fundación del Oráculo de Delfos. En medio del verano era la fiesta del regreso del dios. Se celebraba una gran fiesta de la cosecha. Al señor de las manadas y los sembradíos se le ofrecía la primogénita de las vacas y las ovejas, y las más bellas gavillas y frutos del campo.

En el otoño se recordaba su victoria por sobre el dragón, pero también su expiación; y se recibía al vencedor con ofrendas, cortejos festivos, música y juegos gimnásticos. La victoria y la expiación del dios se representaban en Delfos cada ocho años. Un bello muchacho entraba como luchador contra el dragón. Se representaba cómo se manchaba el Apolo triunfante con la sangre y cómo debía padecer la expiación, huyendo el muchacho hacia Tesalia, después de vencer al dragón. Allí debía ingresar al servicio de un rey, era purificado en el bosquecillo de laureles del valle del templo y luego era conducido festivamente hacia Delfos por las calles sagradas.

Apolo no sólo fue venerado como anunciador de las sentencias divinas, también fue llamado a ser sanador, redimidor y reconciliador del cuerpo y el espíritu de la sombría, enfermiza y devoradora culpa. Si un villano se había "manchado" mediante un crimen ya comenzaba la fragmentación de su alma. En el altar de Apolo el culpable podía encontrar la expiación de su acto y la curación de su destrucción: debía recibir en sí la sangre del sacrificio de la expiación, purificarse y hacer penitencia mediante sus actos como sirviente de Apolo. Luego, curado y redimido, podía ser aceptado nuevamente en la comunidad humana. Y mediante el poder de la música, mediante la armonía de los sonidos de la cítara que lo compenetraban todo, Apolo también era el dios de la medida ordenadora, el servidor y constructor del orden benéfico divino y el curador de las enfermedades del cuerpo y el alma de los mortales.

Mediante la música de la lira, que Hermes le había regalado, el dios estimulaba el júbilo y la alegría, que fortalecían a los hombres y los alegraban y distendían cuando se reunían en una celebración después del largo día. Si la música sonaba adecuadamente, entonces acompañaban también las tres Carítides, las diosas de la gracia, expandiendo alegría y bromas, y mezclándose en la danza y en el alegre banquete de los hombres.

Apolo era un amigo y benefactor de los hombres, era un dios poderoso, ante el cual los mismos Olímpicos se ponían de pie si él ingresaba en su reunión; un juez estricto y sabio, un predicador y ordenador, un sanador y portador de lo pleno, lo noble y lo bello.

5
DEMÉTER Y PERSÉFONE

Deméter, la diosa otorgadora de las cosechas, la madre de todo lo creciente y guardiana de las leyes sagradas, le dio al padre divino una amada hija llamada Perséfone, de figura bella y luminosa y paso gentil; una alegría para los Celestiales.

A veces jugaba la virgen con la hermosa hija de Océano en la pradera llena de flores y se alegraba del florecimiento de las rosas, de las plantas de azafrán, de los jacintos y las violetas. Pero estaba completamente embriagada por el dulce perfume de los narcisos blancos como la nieve y resplandecientes como las estrellas. Entregada a la belleza y olvidando el mandato de la madre divina, se inclinó y recogió un narciso del suelo.

La Tierra bostezó entonces, y desde las profundidades apareció Hades con una pareja de corceles tonantes, raptó a la bella y la secuestró en un carro dorado hacia el lúgubre reino de las sombras como su ama y señora. La virgen gritó e imploró a Zeus y a los Celestiales su ayuda. Mientras ella visualizó la Tierra, el mar susurrante y el cielo estrellado, mantuvo la esperanza, pero su grito de dolor se desvaneció bruscamente. Sólo en el corazón de la madre penetró su alarido.

Deméter, entronizada entre los Olímpicos, con la cabeza trenzada con espigas doradas, percibió el aullido de dolor de la niña. Velozmente se levantó de su asiento alto y siguió con pies apresurados el agonizante grito.

Entonces descendió a la Tierra. Impulsada por un oscuro presagio, se colocó una corona y un velo leve, se envolvió en un vestido azul oscuro, encendió dos antorchas y buscó a la criatura raptada por valles y montañas.

Durante nueve días y nueve noches la madre divina vagó lamentándose alrededor de la Tierra; ninguno de los sabios dioses, y ninguno de los mortales osó decirle la verdad. Sólo Helios, el resplandeciente, el que contemplaba ampliamente todo, respondió a su pregunta, le dijo que Hades había robado a su hija.

Inconmensurable fue el dolor de la madre; terrible, la ira de la diosa. Ella se alejó de los dioses eternos y juró no pisar más el Olimpo y no brindar más frutos y cereales a la Tierra, si Perséfone no era liberada del mundo subterráneo. Y la diosa permaneció entre los hombres. Irreconocible ingresó la madre de luto a las huestes del rey de Eleusis y se empleó calladamente durante mucho tiempo como sirvienta de la casa. Pero cuando la fertilidad de la Tierra menguó, y el hambre amenazó a los hombres, Zeus reunió a los Celestiales para que lo aconsejaran y le ordenó al soberano del reino de los muertos liberar a Perséfone. Hades claudicó ante la orden; pero antes de soltarla hacia el mundo de la luz, incitó a la bella criatura a comer la dulce pepita de una granada. Los dioses enviaron a Hermes al encuentro de la virgen y éste la condujo de nuevo hacia su madre.

Grande fue su alegría al volver a ver a la madre divina. Ahora ésta se había reconciliado, e inmediatamente brotó el césped sobre la tierra reseca y también lo hicieron los cereales y las flores en luminosa belleza. La honorable diosa regresó al Olimpo, donde fue saludada amablemente por todos los Celestiales. Pero la diosa se dio a conocer a los mortales, en cuyas huestes había permanecido. Y entonces, con una admiración devota, el rey hizo consagraciones sagradas en Eleusis, en memoria y agradecimiento a la madre por sus dones.

No por mucho tiempo sin embargo, se alegró la madre por el regreso de su niña resucitada de las profundidades del mundo subterráneo. Pues un anhelante deseo por el reino de Hades se apoderó de Perséfone. Sospechando algo, su madre le preguntó si cuando estaba en las profundidades había probado alguna comida en especial y Perséfone confesó que en la despedida el soberano le había dado la pepita de una granada.

Entonces la diosa reconoció, que Hades había engañado a su niña y mediante la fuerza mágica de la fruta, la había unido con un lazo indisoluble a su reino. Zeus, ante quien ella se presentó lamentándose, sólo pudo atenuar la desdicha. Él determinó que dos tercios del año la amada hija debía permanecer junto a su madre, pero un tercio del mismo le pertenecería como esposa al soberano del reino de los muertos.

Siempre que Perséfone resucitaba de los abismos de Hades y nacía de nuevo a la luz, la diosa se alegraba y adornaba a la Tierra nuevamente con perfumadas flores y un césped renovado. Pero cuando se acercaba la época en la que Perséfone moría para el reino de la luz y descendía a la obscura tierra de las sombras, el alma de la gran madre se nublaba por el luto, y las flores y el pasto a su vez se marchitaban, perecía el canto de los pájaros, y la Tierra se congelaba de dolor.

6
DEMÉTER EN ELEUSIS

Cuando Deméter vagó por el mundo en busca de Perséfone, llegó cerca del atardecer a Eleusis. Cansada y demacrada como si fuera una esclava, se sentó sobre una piedra bajo un olivo, cerca de la fuente de la cual extraían agua las mujeres de la ciudad.

Entonces anocheció y los pastores recogieron a las manadas, mientras las hijas del rey Céleo llegaron a la fuente riendo y bromeando. La alegría amenizaba su andar, pues al amanecer su madre había dado a luz a un niño. Cuando llenaban sus vasijas de bronce vieron a la extranjera. Ella les inspiró compasión y las muchachas dijeron:

-¿Quién eres tú, anciana, y por qué te mantienes lejos de la ciudad y no te acercas a los hombres, que te reconforta-rían con sus palabras y sus actos? -Entonces la extranjera respondió:

-Amadas niñas, ya que preguntáis, os contaré todo: Doso es el nombre que me dio mi madre. Fui secuestrada de Creta por bandidos. Cuando arribaron a tierra firme y preparaban su banquete en la orilla, conseguí escabullirme sin ser vista por las oscuras tierras, ya que ellos no me podían vender como esclava. Desde entonces deambulo sin hogar y luego de errar sin rumbo fijo he venido a parar aquí. Compadecéos muchachas, yo podría serviros en vuestra casa paterna de múltiples maneras, ya sea como criada o como nodriza. -Y las muchachas replicaron:

-Madrecita, verdaderamente pareces más una diosa que una criada. Pero aguarda un momento, ¿quieres que vayamos a nuestra casa y le preguntemos a nuestra madre si te toma como nodriza de nuestro hermano recién nacido? -Esto dijeron las jóvenes y se alejaron caminando con los cántaros resplandecientes llenos de agua.

No mucho después regresaron, saltando como ciervos, y le pidieron a la anciana que las acompañara a casa de su padre.

La extranjera se levantó y siguió a las muchachas a la ciudad. Irreconocible atravesó Deméter el alto umbral del palacio. Ella rehusó calladamente el cortejo de bienvenida. Su figura elevada y su semblante afligido despertaban al mismo tiempo compasión y reverencia. Nadie osaba emitir una palabra en voz alta en su presencia. Sólo la broma de una sencilla criada, Yambe, le sacó una sonrisa, y dejó que ella le sirviera la comida y la bebida. Pero Deméter sólo apeteció agua y algo de harina de cebada y hierbas.

La reina Metanira la saludó y le dijo:

Por cierto que tú no pareces haber nacido de padres de clase baja, sino de nobles, pues en tus ojos resplandecen la dignidad y la alteza, como sólo es propio de las reinas. Pero nosotros los mortales tenemos que portar el rostro de los dioses, obligados por necesidad, ya sea nos provean de felicidad o de pena. Ahora que tú ingresas a esta casa como sirvienta, te entrego a este niño, Demofonte, que los dioses me han otorgado inesperadamente, para que los tomes bajo tu cuidado y protección.

Y la anciana replicó:

-¡Yo también te saludo, amada reina! ¡Quieran los dioses otorgarte todo lo bueno! Con gusto criaré a tu hijo y lo cuidaré como tú me lo pides. -Y la diosa puso al niño en su pecho, lo alimentó con ambrosía y lo ungió, y el niño floreció y creció magníficamente en sus resplandecientes brazos. Por las noches, cuando todo el palacio dormía, ella se dirigía hacia la cuna, tomaba al niño y lo sostenía por encima del ardor llameante del fuego del hogar, para que todo lo terrenal fuera purificado en él y consiguiera así la inmortalidad de los dioses.

La madre avaló la transformación que aconteció con el niño, pero le pareció como si éste le fuera arrebatado cada vez más por la extraña mujer. Desconfiando de ella, la reina se levantó del lecho una noche, entró en la sala y alcanzó a oír a la nodriza. Cuando vio cómo la anciana sostenía al niño por encima del rojo resplandor del fuego del hogar, gritó horrorizada causando alboroto, pues creyó que la extranjera estaba matando al niño. La anciana se dio vuelta furiosa, se alejó del hogar y puso al niño a sus pies. Luego se quitó de encima el velo azul oscuro, apareció en todo su resplandor divino y sus rizos dorados ondularon sobre los hombros relucientes. Y entonces habló la diosa:

-¡Apenaos hombres, si nos sois capaces de reconocer de antemano, si el rostro que se os acerca es bueno o malo! Para que lo sepas, tonta, yo sólo quería otorgarle a tu hijo la inmortalidad de los dioses. Ahora me has destruido y por eso él morirá. Pero en el futuro disfrutará de gran veneración, porque estuvo sentado en mi regazo y dormitó en mi pecho. ¡Soy Deméter, rica en altos honores! Por mucho tiempo permanecí en vuestra hospitalaria casa. Pero ahora os debo abandonar. Decidle a vuestro rey y señor, que me erija ante el portal sobre la colina un amplio templo y un altar, y yo os enseñaré los santos oficios.

Así habló la diosa. Y enseguida esparció una fragancia, se iluminó con un resplandor celestial y se retiró del palacio.

Metanira yacía desmayada en el piso. Debido al ruido y el lloriqueo del niño, aparecieron las hijas y las criadas. Éstas últimas se ocuparon de la reina y las hermanas tomaron al niño abandonado bajo su custodia.

Cuando la reina volvió en sí, estremecida de veneración, oró durante toda la noche a la gran diosa. Al alba le contó al rey lo que había sucedido y lo que había ordenado Deméter.

En la colina designada por la diosa ante la muralla de la ciudad erigió Céleo un magnífico templo y un altar para venerar a la diosa. Y Deméter residió en la casa y bendijo al país. En Eleusis florecieron los cereales, mientras que en todas partes se secaban los campos y las praderas y los árboles no daban frutos. Los hombres y el ganado se morían de hambre, en tanto la madre divina les rugía a los Celestiales por el rapto de su hija. Pero cuando los dioses se reconciliaron con Deméter y Perséfone regresó del mundo subterráneo a la luz celestial, el césped brotó reverdeciéndolo todo, y la tierra se cubrió con abundantes granos, los árboles florecieron y brindaron una gran cantidad de frutos y el ganado se multiplicó. Sin embargo, Deméter mantuvo al templo de Eleusis como su más amada residencia entre los hombres.

Cuando Demofonte se convirtió en muchacho, se le apareció la diosa. Ella le obsequió un cuenco con cebada dorada y le enseñó cómo labrar el campo con el arado y luego a pasar el grano por la trilla. Y los campos dieron entonces abundantes frutos, y las trillas se llenaron de gavillas doradas; también le enseñó a cuidar de los árboles frutales, a podarlos y a regarlos, a la higuera, a la viña y al olivo por ejemplo; entonces las vasijas en los sótanos y los graneros se llenaron. Luego le dio leyes e instrucciones acerca de cómo debían convivir los hombres en su casa y en la ciudad, para adquirir buenas costumbres, concordia y paz. Triptolemo fue enviado entonces como mensajero en un carro alado, para que instruya a los hombres por doquier y para que distribuya los dones de la diosa entre los pueblos. Y allí donde los oficios y las instrucciones de la gran madre fueron acogidos, se incrementó la bendición de la simiente y el fruto, pero también lo hicieron las costumbres devotas y la paz.

También fundó las consagraciones sagradas, que comenzaban en Eleusis en la primavera y el otoño en recuerdo al rapto de Perséfone; en otoño, cuando los campos eran cosechados, y en primavera cuando florecían las primeras flores, por el regreso de la criatura divina.

En las grandes celebraciones, el pueblo se movilizaba purificado y redimido, cantando y alabando con antorchas encendidas, conducido por un muchacho portador de la antorcha, que como Dionisios, al igual que una estrella luminosa en la noche, conducía a los jóvenes que honraban a la diosa hacia el fuego sagrado en la bahía de Eleusis. Allí los celebrantes volvían a experimentar el dolor y la alegría de la gran madre; se desplazaban por todos los lugares sagrados donde estuvo ella: por la piedra, sobre la cual había estado sentada Deméter en profundo duelo; por el sitio donde la Tierra bostezó y Perséfone fue raptada, por allí donde finalmente la jovencita fue devuelta a su madre, y por el lugar donde Triptolemo recibió de manos de la diosa los cereales, el arado, la hoz y la trilla y de esta forma también las plácidas bendiciones. Y la bahía y las montañas reverberaban por los cantos corales del festivo pueblo, y las olas del mar resplandecían por el reflejo de las antorchas. En este festejo participaba todo el pueblo, y cada uno experimentaba la templanza y el consuelo de su alma para la vida en la Tierra, así como también para la muerte en el mundo subterráneo. Pero el que participaba de las sagradas consagraciones en el interior del recinto del templo, debía abstenerse de la comida y del vino y someterse a purificaciones, para que cada suciedad de la vida y de la pasión y cada mácula de maldad fuera exterminada. También debía prometer solemnemente mantenerse callado. Luego, bien preparado, era introducido a los misterios divinos de escalón en escalón.

Beatificado y bendito, quien tomaba parte de estas santas consagraciones; y cuya alma se elevaba en devoto estremecimiento, percibía la cercanía de las divinidades todopoderosas. Y en su alma podía experimentar resplandeciente la chispa divina, mediante la cual la misma es imperecedera e inmortal y brillará como una estrella para él, cuando deba atravesar en el futuro el reino del mundo subterráneo. Pero el ser que no complete la consagración, quien no experimente esta fuerza en su cuerpo viviente, quien ingrese al reino de Hades sin haber sido consagrado, no verá iluminarse allí abajo a la luz divina, sino que se desvanecerá como una sombra en la lúgubre oscuridad de la putrefacción.

Y los hombres también glorificaban a la gran diosa en las fiestas eleusísticas, mientras le brindaban una ofrenda con perfumados sahumerios:

Madre divina del Universo,
¡Deméter, divinidad muchas veces invocada!
Amable diosa otorgadora de riqueza
que nos nutres con espigas, que nos das todo,
alégrate por las obras de la paz y por el trabajo diligente;
dadora de simientes, recogiendo la plenitud,
diosa de la trilla, que haces brotar los frutos,
tú, que vives en las grutas sagradas de Eleusis;
amada, fervorosamente añorada,
madre nutricia de todos los seres mortales,
tú le colocaste por primera vez el arado al buey,
les enviaste a los hombres lo anhelado,
la vida dadora de bendiciones; madre nutricia de las flores,
portadora de la antorcha, iluminada de gloria,
tú, que te alegras por las segadoras del verano;
Señora de la Tierra, que eres amable con todos.
¡Sublime diosa de los mortales, rica en formas,
floreciente, impregnada de santidad!
Ven, oh bendita, Reina eterna cargando con los frutos del verano.
Trae, Reina divina, la paz, el amado orden,
riqueza, salud y plenitud de bendiciones.

7
DIONISIOS

Perséfone, la hermosa hija de Deméter, era amada por Zeus. Pero la muchacha rehuía a su amor y se ocultaba con sus compañeras de juego, las Ninfas, en una caverna. Preocupada, su madre colocó dos serpientes en el frente de la cueva como guardianas. Un oscuro presentimiento la impulsaba también a prohibirle a la virgen abandonar la caverna para ir jugar con las Ninfas a la pradera llena de flores.

En la caverna Perséfone comenzó un gran tejido, un magnífico abrigo para su madre. De manera artística tejió allí la imagen del mundo entero. Pero Zeus descubrió la silenciosa residencia de la virgen. Él la engañó, acercándose en la forma de una serpiente, y la poseyó. Al poco tiempo Perséfone fue madre de un niño, al que le brotaban dos cuernitos de los rizos. Ella lo llamó Dionisios. Oculto en la gruta creció el favorito del padre divino. Zeus había predestinado que él sería el futuro gobernante por sobre el Cielo y la Tierra.

Cuando Hera advirtió esto, no lo pudo soportar, y su envidia se dilató poderosa en su corazón. Inmediatamente liberó a dos Titanes del Tártaro y los envió hacia Dionisos. Ellos atacaron al cándido niño que jugaba, lo desgarraron en siete pedazos y se lo devoraron crudo.

Sólo mediante la intervención de un dios se pudo salvar un órgano del cuerpo de Dionisos: Palas Atenea apareció, agarró el corazón del niño y se lo llevó al padre divino. Zeus lo conservó, y con él le dio vida más tarde a un segundo niño dionisíaco. Pero a los Titanes, Zeus, en llameante ira, los hizo pedazos con un rayo tras otro, y el fuego los devoró y los convirtió en cenizas.

De estas cenizas creció una vid. Pero quedó un resto de la misma, y a partir de allí se formaron más adelante los mortales. De esta doble procedencia de las cenizas proviene la lucha del bien y el mal en los hombres. Lo bueno en ellos procede de Dionisios, y en lo malo, en cambio, actúa la fuerza de los gigantes nacidos de la Tierra, que siempre quieren aventajar al bien.

Zeus brindó su amor a Sémele, la bien formada y amada hija de cabello rizado del rey Cadmo de Tebas. A partir del corazón del zagreo Dionisos, del despedazado, preparó un jugo y se lo extendió a Sémele por el torso.

Mientras ella aguardaba con alegre esperanza el nacimiento de su hijo, Hera se esforzaba por impedir este nacimiento. En la figura de una nodriza se le acercó a la hija del rey y generó desconfianza en su corazón, haciéndole creer que el ser que se le aproximaba amorosamente no era Zeus, sino un impostor. Para convencerse de esto, ella debía ponerlo a prueba y demandarle, que se le acerque a ella como a Hera, en magnificencia divina y dignidad, con rayos y truenos. Zeus prometió y garantizó a Sémele su pedido. Pero las salas de la casa del soberano se estremecieron hasta los cimientos, cuando Zeus se aproximó a ella en su esplendor. Asustada por la aparición divina, enceguecida por el resplandor y atezada por las llamas, que llenaban el palacio entero, Sémele cayó de rodillas, dio a luz al niño prematuramente y falleció. El niño fue cubierto por hiedra fresca, que la Tierra hizo crecer rápidamente, para salvarlo de las abrasadoras llamas.

Pero Zeus tomó el niño aún prematuro y lo cosió a su muslo. Y cuando llegó el momento del nacimiento, el padre de los dioses y los hombres entregó al niño Dionisios nacido dos veces a Hermes, para que las Ninfas de voz clara de Nisa en Tracia le dieran cuidado y protección. Allí, en las montañas boscosas y llenas de fuentes, creció Dionisios, oculto en una fresca gruta. Las delicadas Ninfas lo bañaban bromeando y jugando, lo alimentaban, y cuando estaba cansado, lo acunaban cantando para que se duerma. Girando y tramando aguardaban al niño cuando dormía. Ya de niño bailaba alegremente con sus amadas nodrizas, las amigas de las estrellas, alrededor de grutas y cavernas, deambulaba por las praderas cubiertas de flores, a través de las murmurantes aguas y las seguía correteando por los oscuros bosques de robles.

Cuando el niño superó la edad para seguir estando con las nodrizas, el sabio Sileno pasó a ser su digno guardián y cuidador, y lo llevó a la tranquila soledad del valle del río.

Sileno era el más viejo y más sabio de la raza de los Sátiros, los Demonios del bosque y la montaña, amante de todas las aguas fluyentes y nutricias. Conservando fielmente la antigua sabiduría acerca del mundo y de los dioses, contemplando hacia el futuro, serio y taciturno, pero alegre y travieso al mismo tiempo, era sin embargo, un cuerpo deforme: panzón, hinchado como una bota de vino, lleno de pelo tupido por todo el cuerpo, pero calvo, atrofiado con largas orejas y un hocico plegado, así ocultaba de alguna manera su modo paterno y benévolo, sabio y modesto.

Sileno le transmitió al joven Dionisios la sabiduría ancestral del mundo y le permitió contemplar el futuro. Él lo instruyó en toda clase de artes y lo dirigió en el cultivo de la viña y en la vendimia. También lo instruyó acerca de los injertos de los árboles frutales y le enseñó el arte de la apicultura.

Después de que Dionisios aprendiera todo esto, Sileno lo despidió y el joven salió al mundo triunfante y victorioso desde la quietud y la soledad. Pero Dionisios había adquirido hacia su paternal maestro un afecto tan grande, que nunca quería prescindir de él, entonces el viejo Sileno lo acompañaba, siguiéndole el rumbo montado en un burro.

Antes de que el joven dios comenzara su expedición, fue hasta la viña que había crecido de las cenizas, prensó las uvas maduras por el sol colocando el jugo púrpura en un cuenco, lo degustó y se entusiasmó con el néctar que la Tierra otorgaba. Entonces les hizo probar de este jugo púrpura a las Ninfas de oscura mirada y también a Sileno y a sus hermanos, los Demonios del bosque y la montaña, y todos se exaltaron por la embriaguez. Exultante y bullicioso se entusiasmó Dionisios por valles y desfiladeros, coronado con hiedra y laurel. Y a él lo siguieron cantando y danzando las Ninfas, con coronas de flores en los cabellos. Pero él se adelantó a todos y su estruendosa furia llenó todo el bosque. Pues lo acompañaba el ruidoso grupo de los Sátiros, alegres compañeros, panzones, con cuernos y peludos, con colas de caballo y pezuñas, pícaros, bromistas y lascivos, dando saltos y brincos incansablemente, bailando en exuberante libertad y alegría; amantes del vino y de las Ninfas, tocando la flauta, coronados voluptuosamente por hojas de hiedra y vides. Así, en un alegre cortejo, acompañados por Ninfas, Sátiros y Silenos panzones, por Centauros, panteras y leones, todos alineados en una fila, comenzó Dionisios lleno de lujuria y borrachera y sin embargo con una energía irresistible, su procesión triunfal por el mundo como Baco. Desde Tracia se fue hacia Grecia, luego por sobre las islas hacia Frigia, Siria hasta la India, regresando después por Etiopía y Libia hasta llegar nuevamente a su patria, Tracia.

Primero se inmiscuyó entre los campesinos y pastores de Ática. El campesino Icaria, que vivía en la fértil llanura de Maratón, lo recibió de manera acogedora. Por eso Dionisios le dio una vid, y le enseñó el cultivo de las vides y el prensado y la vendimia del vino. Y desde entonces las vides florecieron abundantemente en esa región, pero también en las montañas de Citerón. Luego Icaria recorrió el país con su bota llena de vino, y les hizo degustar a los campesinos y pastores de ese maravilloso jugo de uva. Al ponerse borrachos, creyeron primero que se habían envenenado y mataron a Icaria. Sin embargo, desde entonces se lo recordó a éste siempre con júbilo y alegres danzas en las fiestas de la vendimia como el primer vitivinicultor.

Por todos los lugares por los que Dionisios pasó, extendió las vides y les enseñó a los hombres cómo se injertan los árboles frutales y cómo se les extrae la miel a las abejas. Su fuerza divina actuaba haciendo brotar y nutriendo cada vez más fructíferamente a todas las plantas. Todo lo salvaje y monstruoso en la naturaleza se postraba ante él; todo era suavizado y domesticado por él. A los hombres les suavizó los modales y los inspiró hacia amor fraternal. Fue venerado como liberador de todas las ataduras y preocupaciones, como salvador de la necesidad corporal y espiritual. Como dios, que se manifiesta a través del alma de los hombres, actuó de manera inspiradora. Quien lo acogía, vivenciaba una liberación y un fortalecimiento de su ánimo. Alegre y embriagador, elevándose por encima del pesar y despertando entusiasmo hacia todo lo divino, elevado y bello, alzaba y movilizaba el espíritu de los hombres que se entregaban a él.

Desde Grecia Dionisios se dirigió hacia Naxos, la isla rodeada por el mar espumoso. En la flor de sus años de juventud, con su cabeza con rizos oscuros, y envuelto en un abrigo púrpura, se encontraba él maravillado en la orilla del mar ondulante en un risco escarpado que se alzaba imponente. Entonces se aproximó un oscuro barco de piratas tirrenos. Ellos divisaron al joven, se hicieron gestos el uno al otro y atracaron en la tierra negruzca. Esperando obtener un valioso rescate por el bello joven, a quien tenían por el hijo de un rey, se acercaron a él, capturaron al soñador y lo arrastraron al barco. Cuando lo querían atar al mástil, lo defendió el capitán. Afectado por la oscura mirada del joven, quería propiciar la huída del prisionero y devolverlo a tierra firme.

-¡No tenéis idea de lo que hacéis si lo capturáis! Se trata de una divinidad poderosa, con la que vosotros habéis cometido un error, -exclamó. Pero sus camaradas se burlaron de él, y optaron por no liberar al prisionero.

Pero sucedió que el barco permaneció inamovible, sin importar cuánto lo impulsaban, las ramas de sauce con las que estaba atado el joven se desataron y se transformaron en hiedra, en el mástil creció una gran vid repleta de racimos, en el barco chorreó delicioso el perfumado vino y por los bancos de los remeros se extendieron la hiedra y las vides. El mismo prisionero, con la frente rodeada por una corona de racimos, estaba en libertad, de pie en el mástil y blandía el bastón de Tirsos, entrelazado con hiedra y vides, y a su alrededor yacían amenazantes y listos para saltar tigres, linces y panteras moteadas. Llenos de miedo los marineros se dirigieron al capitán, del susto saltaron al agua y se transformaron inmediatamente en delfines. Y desde entonces acompañan a Dionisos cantando, cuando él surca el mar de color púrpura. Pero Dionisos se dio a conocer ante el tembloroso capitán Acoetes. Él lo condujo hacia Naxos, donde se convirtió en el primer sacerdote del joven dios.

En la isla de Naxos, abundante en frutos y perfumada de flores, yacía Ariadna, la hermosa y pura hija de cabello rizado del rey Minos de Creta, todavía envuelta en un profundo sueño, cuando Dionisos atracó en la isla en el rosado amanecer. El vigoroso héroe Teseo había llevado a la bella criatura allí, después de haber derrotado al Minotauro en el laberinto de Creta y de haber encontrado la salida del mismo gracias a su ayuda. Ella lo siguió amorosamente, cuando él regresó a Atenas. Sin embargo no sospechó, que Teseo, siguiendo una orden de Dionisios, la iba a abandonar furtivamente. Pues Dionisios se le había aparecido a Teseo en sueños y le había dicho que debía liberar a Ariadna, pues, según la voluntad de los dioses, Ariadna debía estar unida a él. Cuando Ariadna despertó del sueño, encontró que la habían abandonado. Llorando y llena de miedo se descubrió a sí misma en aquella isla. Entonces se le aproximó Dionisios afectuosamente y le explicó la voluntad de los dioses. Más tarde desposó a Ariadna y todos los Celestiales festejaron la boda en Naxos.

En su procesión triunfal por el mundo, Dionisos descendió también al mundo subterráneo, liberó a Sémele y la llevó al mundo de la luz. Él se elevó con ella y Ariadna al Olimpo, y, esperado por todos los Celestiales, amado y venerado, vivió entre los dioses.

Los hombres vivenciaban y veneraban la fuerza del misterioso dios en celebraciones sagradas, los Misterios, que se llevaban a cabo en determinadas épocas del año.

En el invierno, para la época de las noches largas, se recordaba mayormente al Dionisios afligido y desgarrado. Los sacerdotes hacían ofrendas ocultas en su tumba en el templo de Apolo en Delfos. En esa época cada tres años las mujeres de Delfos y de Ática se trasladaban hacia el Monte Parnaso cubierto de nieve, pero también iban hacia otras montañas y conmemoraban en coros nocturnos al sufriente dios. Las mujeres y las muchachas, inspiradas por el dios, danzaban esgrimiendo bastones de Tirsos trenzados con hiedra y antorchas encendidas, con serpientes en los cabellos sueltos y en las manos, contorsionándose con el sonido de los aplausos, de los címbalos chillones y las flautas como Ménades exultantes a través de los bosques y montañas nevadas, e invocando al angustiado dios cantando himnos.

Algún animal del bosque, un cervatillo, un chivo o un toro joven por ejemplo era cazado, matado con un hacha, despedazado y comido crudo, en recuerdo al sufrimiento y la muerte de Dionisios el Zagreo.

En esa oscura época invernal, en la que toda la naturaleza yacía inmóvil y agonizante, desapareció Dionisios. ¿Se salvó en el mar o en la gruta con las Ninfas? No se lo encontró hasta que Zeus lo volvió a despertar hacia la nueva vida. Luego se manifestó como Licnites, como el niño renacido, y su regreso como dios de la juventud, del deseo y de la esperanza, de la naturaleza fluyendo en eterna creación, de la luz y de la primavera, fue saludado por los hombres de manera exultante con alegres cantos y hermosas flores.

La celebración de la primavera en pleno entusiasmo y esplendor era festejada en igual medida y sin diferenciación por hombres y mujeres, libres y esclavos; hasta los mismos prisioneros podían participar en la misma, pues Dionisios unía fraternalmente a todos los hombres.

El nuevo vino era disfrutado entre el baile y el juego exuberante; y todos se sentaban ante el banquete, coronados con las flores de la primavera. También los niños se ponían coronas de flores en la cabeza recordando al niño de Deméter, que por esa época había ascendido de manera imponente desde el mundo subterráneo. También se arrojaban sobre la Tierra perfumados ramos de rosas y violetas. Un desfile dionisíaco de máscaras representando al dios y su comitiva se trasladaba con el canto de los Ditirambos, versos que los poetas componían en una noble competencia año tras año para consagrar al dios. Allí había señales ocultas que fueron portadas y estipuladas en conjunto y de manera encubierta en el cortejo festivo, y en todas las flores y coronas se consagró al dios del deseo primaveral.

Para terminar con el festejo se hacía una ofrenda a los dioses subterráneos, a los espíritus de los difuntos y a los caídos en el gran diluvio. Pues, así como en la vida se mezclan el júbilo y el dolor, el deseo y el llanto, la vida y la muerte; de la misma manera Dionisios está unido tanto a la alegría de vivir de la naturaleza y del hombre, como a los dioses subterráneos y al reino de la muerte.

8
ORFEO

En las montañas de Tracia vivía en tiempos antiguos el poeta Orfeo. Cantando cruzaba los bosques, y adondequiera que llegaba, todo era cautivado por el poder de su canto. A menudo subía a las altas montañas, cuando Eos, el amanecer, se deslizaba por el resplandeciente Helios, anunciando el final de la oscuridad nocturna. Luego aparecía el mismo Helios sobre el tonante carro solar, y entonces el corazón de Orfeo se llenaba de luminosidad, y comenzaba a cantar y a sonar en una canción perceptible para los oídos mortales.

Orfeo era el hijo de la Musa Calíope, que vivía, como diosa protectora de Tracia, en los oscuros bosques junto a los manantiales burbujeantes y claros como el cristal. En el murmullo de las aguas, en el susurrar de los juncos y en el rumor de los árboles les revelaba a los admirados mortales su presencia. La madre dotó a su hijo con la magia del canto, y Apolo le obsequió a su protegido una lira dorada y lo instruyó en la sabiduría divina. Le dio a conocer la sucesión de la raza divina hasta en aquellos días de Urano y de Gaia, le describió, el principio y el devenir de la obra de los dioses y le contó acerca de la fluctuación y el destino de la raza humana; y desde el alma de Orfeo esta sabiduría resonó en forma de canto. Lo que sonaba a través de su voz tenía una fuerza movilizadora tan grande, que los hombres, conmovidos por la nostalgia y la añoranza, lloraban, y los animales salvajes, el león junto a la liebre, el cordero junto al lobo, lo seguían. Cuando se trasladaba por los bosques cantando y tocando la lira, los mismos árboles se desarraigaban de la madre Tierra que los nutría, las flores se inclinaban, y las piedras y rocas perdían su peso y rodaban hacia el valle. De esta manera se trasladó Orfeo de lugar en lugar como anunciador de la sabiduría de Apolo.

Orfeo estaba unido amorosamente mediante el sagrado lazo del matrimonio a Eurídice, una Ninfa del río Peneo. Pero ella fue arrebatada por él en su floreciente juventud.

Cuando el impetuoso cazador Aristeo, hijo de Apolo, estaba caminando por los bosques de Tracia, dio con la bella mientras jugaba con sus amigas en la pradera. Él sorprendió a la ingenua, la tomó con mano firme y la deseó como mujer. Ella se liberó de sus brazos, y él la persiguió. Pidiendo ayuda se apresuró por los altos pastos hacia la casa en la montaña – entonces su delicado pie pisó una culebra, que sobresaltada, le dio una mordida mortal. Sin vida cayó su bello cuerpo sobre la tierra. El lamento de las Ninfas impregnó la montaña y el valle, y de la pena por su amada, por su pronto desvanecerse, Orfeo enmudeció.

Esto sucedió, sin embargo, en una época, en la que los hombres ya tenían la costumbre de vivir en las ciudades, donde vivían según la ley y el orden, que ellos mismos se habían otorgado por la propia fuerza de su pensamiento. Por entonces ya no podían vivir conjuntamente con las almas de los muertos como antes lo habían hecho, sino que experimentaban en sus pensamientos sólo las imágenes, el recuerdo de cómo habían sido los difuntos en vida. De esta manera Orfeo extrañaba también la bendita compañía de la difunta. Día y noche llevaba luto en su soledad. Entonces Orfeo se atrevió y tomó la decisión de descender al reino de los muertos, para, mediante el poder de su canto, movilizar a los dioses del mundo subterráneo, a que retornaran a Eurídice al reino de la luz.

Orfeo, confiado en las sagradas ceremonias, procedió a entrar al mundo subterráneo por la precordillera de Ténaro, tomó una rama de un árbol de sauce que estaba consagrado a Perséfone, comenzó a cantar y desapareció, guiado por la rama, en el lúgubre reino de las sombras. Desde la oscura entrada de la hendidura rocosa fue a su encuentro una gélida exhalación. Hasta sus propios pasos le fueron inaudibles. Entonces se le enfrentó un monstruo espantoso, de forma similar a la de un perro, con tres cabezas y una cola de dragón. Ladrando con voz ronca le bloqueó el camino. Orfeo empezó a cantar; entonces el perro infernal se inclinó gimiendo y lo dejó pasar.

Pronto llegó el caminante al río Estigia, cuya agua negra fluía silenciosamente. En la orilla esperaba Caronte, el barquero, que con su barca trasladaba las almas de los difuntos hacia la otra orilla. De manera estricta y cumpliendo con su deber, Caronte rechazó al intruso. Nuevamente comenzó Orfeo a cantar y su canto ejerció tanto poder, que el barquero lo aclamó y lo trasladó calladamente a través del río. Del otro lado Orfeo pudo contemplar las innumerables almas que se impulsaban hacia él: pues sus canciones eran un bálsamo para las sombras hambrientas.

Finalmente llegó él ante el soberano del reino de los muertos. Sombríamente callado estaba sentado en el trono y junto a él se encontraba su esposa Perséfone. Entonces Orfeo tomó todas sus fuerzas e hizo sonar su canción. Y lo hizo de manera tan conmovedora, que las mismas almas de los difuntos sollozaron y las terribles Erinias lloraron. Perséfone, que recordaba melancólicamente su antigua vida en la luz, llamó a Eurídice y se la devolvió a su amado. Ésta le ordenó a Orfeo que regresara en silencio y que no volviera los ojos hacia ella hasta que hubiera alcanzado el mundo superior.

El poeta se puso en camino hacia el hogar, y la sombra de Eurídice lo siguió. Al aproximarse Orfeo a la salida, le pareció, que la amada siempre se quedaba atrás. Él susurró su nombre, pero todo permaneció silencioso. Oscuras dudas lo atosigaron y una extraña fuerza lo obligó a mirar hacia atrás: Eurídice estaba muy próxima, pero ella se desvanecía con un melancólico saludo de despedida. Orfeo se apresuró hacia ella y llegó a las oscuras corrientes del Estigia: hacia allí la había trasladado Caronte. Siete días y siete noches se sentó en la orilla suplicando; pero el viejo barquero permaneció implacable y lo rechazó.

Entonces Orfeo debió regresar al mundo superior. Tres años más vivió en los bosques de Tracia. Él instruyó a sus alumnos, enseñó a los reyes a que dirigieran con ley y con medida a sus pueblos, mientras recordaba siempre en silencioso luto a su amada, evitando todas las alegrías de la vida.

Esto, sin embargo, llenó de ira a las mujeres tracias, que sentían que él despreciaba su amor. Cuando ellas se hallaban siguiendo al dios Dionisios en el frenesí de la embriaguez, vagando por la noche por bosques y montañas con los cabellos sueltos, los bastones de Tirso y las antorchas, saltando, bailando y tocando el címbalo y la flauta, descubrieron a Orfeo. En su furia cayeron sobre el poeta y servidor de Apolo y lo golpearon con los bastones hasta que el alma se le escapó de su cuerpo.

Después lo decapitaron y arrojaron la lira y la cabeza al río más cercano. Al ser llevadas por la corriente en dirección al mar, resonó de ellas un maravilloso canto y un sonido, que llenó el valle durante largo tiempo y también el ancho mar, y permaneció perceptible siempre para los habitantes visibles e invisibles del agua y del aire.

El alma inmortal del poeta se apresuró a descender al Hades y vivió desde entonces unida nuevamente al alma de Eurídice.

9
TÁNTALO

Tántalo, uno de los hijos de Zeus que había nacido de una mortal, gobernaba como rey de la populosa Lidia. Lo que él desempeñaba lo hacía feliz, pues era uno de los preferidos de los dioses, y ellos lo retribuían con infinita riqueza.

En su reino se alzaba imponente una montaña llamada Sípilos, que ocultaba en sus rocas vetas del oro más refinado. Los esclavos lo extraían de la mina, cual ágiles hormigas, durante todo el día, y forjándolo de manera artística, elaboraban armas magníficas y objetos nobles. Al igual que un mar dorado emergían los cereales en los campos, los árboles frutales rebalsaban, y las vides se inclinaban por el delicioso peso de sus ramas. El invierno era templado y apenas interrumpía el florecer y fructificar. En las jugosas praderas había ágiles y resplandecientes corceles, y las voluminosas vacas pastaban por doquier y brindaban leche en abundancia. En las verdes cumbres pastaban también innumerables ovejas bien alimentadas.

Como a ningún otro mortal los dioses apreciaban a Tántalo como a uno de los suyos y lo invitaban a su mesa, donde disfrutaba del néctar y la ambrosía. Pero los inmortales también se acercaban a su imponente castillo y eran sus huéspedes. Pero Tántalo, deslumbrado por la fortuna y la riqueza, olvidó que era un mortal. Tuvo una actitud presuntuosa y comenzó a cometer atrocidades contra los Celestiales.

Primero traicionó las resoluciones divinas, que había percibido en el trato con los dioses, con sus amigos cercanos, y luego, con la fuerza de su conocimiento, comenzó a dirigir el destino de los hombres.

Pronto se puso a robar néctar y ambrosía de las mesas de los dioses, llevando a la Tierra los alimentos celestiales que les permitían a los dioses mantener su inmortalidad y distribuyéndolos entre sus compañeros de mesa.

Cuando el perro dorado, que había protegido a Zeus, fue robado del santuario de Creta, el ladrón le llevó el animal a Tántalo, para que lo tome como su guardián. Entonces se le acercó Hermes, enviado por los dioses y le pidió que devuelva al perro. Tántalo se atrevió entonces a desafiar a los dioses, afirmando no saber nada del perro perdido, y reforzó lo dicho mediante los santos juramentos.

Como los dioses aceptaron indulgentemente lo que había aseverado, comenzó él a dudar de su omnisciencia y omnipotencia, y tan ofuscado estaba con esta idea que los quiso poner a prueba.

Cuando los dioses se reunieron nuevamente en su castillo para disfrutar de un banquete, mandó a asesinar a su propio hijo Pélope, hizo que lo prepararan como comida y les presentó el plato en la mesa en una fuente dorada.

Los dioses, sin embargo, contemplaron el engaño y rechazaron en silencio el plato. Sólo Deméter, sumida en tristes pensamientos desde el rapto de su hija, comió, sin sospechar la atrocidad, un pedazo del hombro del muchacho. Los dioses echaron los pedazos nuevamente a la caldera, Hermes los ensambló de manera artística y revivió al muchacho mediante la voluntad de los Celestiales. El joven resucitó entonces de manera bella y magnífica. El pedazo de hombro, que había comido la diosa de la Tierra, fue reemplazado por un trozo de marfil, y desde entonces Pélope y sus descendientes se caracterizan por tener un hombro resplandeciente.

Pero los Celestiales privaron a Tántalo de su gracia. Así como el rayo cae rodeado por truenos resonantes y por el rugiente viento de la tormenta y hace caer a los árboles más fuertes, de tal forma que se quiebran y se desploman; así cayó sobre él de manera terrible la ira de los dioses.

Zeus maldijo al asesino y condenó a su alma a la eterna agonía en las profundidades del Tártaro.

Allí, en el reino de las sombras, se encuentra Tántalo, en medio de un lago, cuya clara agua le llega hasta la barbilla. En las orillas hay magníficos árboles frutales, repletos de manzanas y peras, granadas e higos, que inclinan sus ramas sobre él. Pero él, en medio de la plenitud y la abundancia, debe morirse de hambre.

Si él, atormentado por una sed ardiente, se inclina hacia el agua, para beber haciendo un cuenco con sus manos o simplemente para mojarse los labios, el agua se retira y se escabulle por el seno de la Tierra y el fondo negro del lago hace borbotones a su alrededor tragándose toda el agua. Si él, decepcionado, se vuelve a enderezar, el agua brota y fluye desde todos los canales y cuencas y vuelve a crecer interminablemente hasta su barbilla.

Si Tántalo quiere agarrar los suculentos frutos que se encuentran por encima de su cabeza, sopla un golpe de viento sobre las ramas y los eleva tan alto en el aire, que jamás los podría alcanzar. A sus espaldas se erige una empinada pared rocosa, encima de la cual se bambolea un poderoso bloque de piedra. A cada instante Tántalo teme que se caiga sobre él. Y así se estremece de hambre y de sed y en constante temor su alma atormentada.

La maldición de los dioses también alcanza a los que quieren elevarse por sobre toda medida humana, a quienes no pueden soportar la gracia y el trato confiable de los dioses y se abusan de los mismos.

Los hijos de Tántalo también tuvieron que soportar la pesada carga del sacrilegio de su padre, y ésta se siguió heredando de generación en generación.

10
PERSEO

Acrisio, de la antigua raza de las Danaides, reinaba sobre Argos. Tenía una hermosa hija; pero para su pesar no le fue otorgado por los dioses ningún hijo. Una vez interrogó al Oráculo de Delfos, para saber si a través de su hija Dánae le nacería un nieto. Y mediante la boca de la sacerdotisa los dioses respondieron:

-Tu nieto te matará.

Una vez llegado a su hogar mandó excavar en el cementerio de su castillo una tumba de cúpula, cubierta por placas de bronce y conectada al castillo mediante un pasillo subterráneo. Luego condujo a su hija allí dentro y la dejó sólo bajo el cuidado de la nodriza. De esta manera creyó impedir el cumplimiento del veredicto de los dioses.

Pero Zeus, entronizado sobre el Olimpo cubierto de nubes, vio a la muchacha y ardió en amor hacia ella. En forma de oro líquido se escurrió en la alcoba por las grietas de la bóveda y le anunció a Dánae, que sería madre de un hijo, que estaba predestinado a hacer una gran hazaña.

El niño, que había nacido bajo la Tierra, fue criado secretamente por ella con la ayuda de la nodriza. Cuando cumplió los tres años de vida, recibió de Zeus una pelota dorada. Él jugaba con ella y se alborozaba cuando ésta daba alegres saltos. Una vez Acrisio pasó por el cementerio del castillo, percibió el regocijo de una voz infantil y se puso pálido de susto. Rápidamente hizo que abrieran la bóveda y sorprendió al niño, que huyó y escondió su cabeza de rulos dorados en el regazo de su madre. La ira se encendió en Acrisio, que desenvainó su espada y asesinó a la nodriza. Luego arrastró a Dánae hacia el templo. Allí, arrodillada ante el altar, tuvo que afirmar y jurar, que Zeus era el padre del niño. Nada parecía apaciguar los sentidos del iracundo rey; y ordenó construir una caja de madera, encerró a Dánae y al niño allí dentro, e hizo que la llevaran a la orilla y la lanzaran al mar, a la deriva del viento y de las olas.

Pero Zeus mantuvo su mano protectora sobre la madre y el hijo. Durante un tiempo la caja fue propulsada en el agua; y luego se aproximó a la isla de Serifea. Allí la encontró un pescador, que iba a ocuparse de su oficio temprano a la mañana. Él se acercó a la caja y percibió voces que gemían. Rápidamente la abrió y liberó a la mujer y al niño, condujo a los exhaustos a su choza y los albergó de manera hospitalaria. Pero el rey de la isla, que era el hermano del pescador, había mandado espías. El rey llevó a ambos a su palacio y como Dánae era muy bella, deseó hacerla su mujer. Pero ella lo descalificó con un gesto.

-Si eres demasiado orgullosa, entonces debes servirme como criada, -exclamó iracundo el rey.

Y así sucedió: separada de su hijo, Dánae tuvo que realizar tareas de criada. Pero Perseo fue criado junto con otros niños en la corte del rey. Cuando se hizo adulto, le preocupó no saber a dónde había ido a parar su madre. Entonces se encontró con una mujer que servía en la corte. Era Dánae. Ella reconoció al apuesto y crecido joven, se dio a conocer entre lágrimas y le contó su destino. La mente de Perseo sólo se enfocó en cómo liberar a su madre de la esclavitud. Un día el rey dio una lujosa fiesta en la corte, y los jóvenes le ofrecieron regalos de honor, armas, carruajes y bellos caballos. El rey, desconfiado, se dirigió hacia Perseo:

-¡De ti exijo la cabeza de la Medusa!

Cuando el rey dijo esto, la sala enmudeció de espanto. Medusa y sus hermanas inmortales, las Gorgonas, eran monstruos arcaicos, no vistos aún por ningún ser que respire, que habitaban en una caverna más allá de la poderosa corriente del Océano. La mayor parte del tiempo dormían, pero cuando despertaban, su rugido se extendía por toda la Tierra como el retumbar del trueno.

Antiguamente las Gorgonas habían sido de extraordinaria belleza, pero, debido a su orgullo y su arrogante vanidad, habían sido transformadas por los dioses en los arquetipos de la fealdad.

Sólo Medusa era mortal. Ella tenía poderosas alas doradas y garras con uñas de hierro. El color de su piel era negro como la noche. Su rostro redondo y achatado, del cual salían dos picos iguales a los de un jabalí, parecía estar siempre deformado y lleno de rabia. Quien veía esta fealdad, se quedaba sin aliento y se convertía en piedra.

Pero Medusa también se podía transformar. Entonces se aparecía en la forma de una yegua y pastaba pacíficamente en las verdes praderas delante de la caverna. Sólo Poseidón, el soberano del mar y el sacudidor de la Tierra, toleraba estar cerca de ella.

Buscar la cabeza de esta Medusa fue lo que él rey le exigió al joven; pues él le temía y albergaba la esperanza de que jamás regresaría. Apesadumbrado, Perseo se puso en camino. Entonces Palas Atenea y Hermes lo acompañaron. Ellos condujeron a su protegido hacia donde estaban las doncellas grises, las tres hermanas grises. Sólo éstas sabían el camino hacia las Gorgonas, que era desconocido hasta para los mismos dioses. Las hermanas grises eran mujeres arcaicas, que ya habían venido al mundo con el cabello canoso. Ellas vivían juntas en una caverna brumosa y se contraían, asustándose tanto con la luz del sol como con el tibio destello de la luna, y envueltas en sus vestidos color azafrán se quedaban en el fondo de la caverna, curiosas y parlanchinas. Sólo tenían un ojo y un diente, que se los prestaban alternadamente.

-Dame tu ojo, hermana, -graznó una de ellas, tan pronto como Perseo se aproximó a la cueva.

Cuando una le quiso alcanzar el ojo a la otra, Perseo intervino y agarró el ojo. Las hermanas cacarearon y le rogaron finalmente al intruso con voces llorosas que les devolviera el ojo. Entonces Perseo dijo: "Yo os lo devuelvo, si me mostráis el camino a las Gorgonas." Ellas cuchichearon y la más vieja dijo con voz nasal: "Debes ir primero adonde están las Nereidas; ellas te van a dar zapatos alados, que te llevarán hacia donde están las tres." Entonces Perseo les devolvió el ojo y abandonó la sombría caverna.

Perseo y los dioses llegaron rápidamente al reino de la Nereidas verdes como el mar y adornadas con juncos, que jugaban sobre las olas coronadas de espuma. Ante el pedido de los dioses ellas le otorgaron tres cosas: zapatos alados, que lo llevarían a dónde quisiera, un yelmo, que lo haría invisible, y una bolsa. De Hermes recibió una espada en forma de hoz y Palas Atenea le prestó su escudo de bronce resplandeciente como un espejo.

Dotado con estos elementos Perseo se elevó por los aires y voló con la velocidad del viento hacia el nocturno reino de las Gorgonas, más allá del mundo marino. Ellas dormían tranquilamente en su caverna y no presintieron la llegada del intruso. Perseo contemplaba todo reflejado en el escudo, que sostenía en su mano izquierda, y caminaba hacia atrás en la caverna. Con la mano derecha agarraba el mango de la espada en forma de hoz. Cuidadosamente se acercó a las durmientes. Reconoció a Medusa y hasta se estremeció ante su imagen en el reflejo. Sin embargo, tomó coraje y con un veloz y seguro golpe decapitó a la durmiente; las serpientes se retorcieron y se enrollaron siseando, y luego se quedaron tranquilas. Después Perseo tomó la cabeza y la colocó en la bolsa, que se abrió por sí misma y envolvió a la cabeza muerta. De la sangre de la Medusa nació un caballo alado llamado Pegaso, en el que de aquí en adelante Apolo se columpiaría hacia arriba al Olimpo y un gigante llamado Crisaor, con la espada dorada. Perseo salió velozmente de la cueva. Entonces se despertaron las hermanas y encontraron a Medusa decapitada. Ellas rugieron tanto que la Tierra se estremeció, y saltaron en busca del asesino, pero no lo encontraron; ya que el yelmo mágico protegía al ágil héroe.

Dejando tras de sí al reino de la oscuridad y del horror, Perseo se remontaba ligero en el cielo, al igual que un astro reluciente. Sólo por la noche o en una tormenta se acercaba a la Tierra. Cuando volaba por el desierto libio, le goteó sangre de la bolsa sobre la arena. De allí surgió la gentuza venenosa, las serpientes y escorpiones, que desde entonces abundan en esa región. En su vuelo también pasó por Etiopía. En estas tierras vivía el rey Cefeo con su bella hija Andrómeda. Su esposa Casiopea ya se había jactado de que su hija Andrómeda era más hermosa que la más hermosa de las hijas de Nereo, el anciano del mar. Esto hizo enfurecer a Nereo que sacudió el mar hasta que las olas rebalsaron la costa del reino de Cefeo. Nereo envió entonces un espantoso dragón, que surgiendo de la marea, asesinó a hombres y a manadas de animales. Así castigó él el atrevimiento. El rey, presionado por la necesidad del pueblo y del país, buscó consejo en un oráculo lejano y obtuvo el veredicto:

-Si la hija del rey es ofrecida al dragón del mar, los dioses son expiados.

Ahora debía Cefeo, obligado por el pueblo, conducir a su amada hija a la orilla, donde sería atada a una roca.

Cuando Perseo sobrevoló por encima de esas tierras, divisó a la joven, indefensa, sujetada a la montaña rodeada del mar tempestuoso, entonces se acercó a ella y le preguntó por su destino. No había terminado aún de contar su historia, cuando el monstruo emergió de las aguas. Perseo se elevó en el aire, persiguió al dragón, se precipitó rápido como una flecha hacia él y le clavó en el cuerpo la espada en forma de hoz, de tal manera que el dragón herido de muerte se hundió en las profundas aguas. Después desató las ataduras de Andrómeda y la acompañó a la ciudad. Ambos fueron saludados jubilosamente por el pueblo y fueron conducidos al palacio del rey. Éste, lleno de alegría y agradecimiento, le entregó su hija como esposa al salvador.

Un año entero permaneció Perseo en Etiopía, y luego se trasladó a donde estaba su madre. Andrómeda lo acompañó en su viaje a la isla de Serifea. Llena de pesar aguardó la madre el regreso de su hijo. Cuando le quería brindar una ofrenda de agradecimiento a Zeus, la encontró a ella en el templo. Ella había escapado de la autoridad del rey para dirigirse al recinto sagrado, donde se ocultaba de él. Llorando de alegría se abrazaron madre e hijo. Perseo se apresuró a llegar a la corte del rey. Ya desde lejos percibió los sonidos festivos; el rey estaba sentado en el banquete. Cuando Perseo entró en la sala, la música enmudeció; y asustados contemplaron todos al que regresaba. Él exclamó entonces:

-Yo he cumplido lo que el rey me exigía, -giró su cabeza y sacó la abominable cabeza de la Medusa de la bolsa.

Él escuchó los gritos de horror, y luego todo enmudeció nuevamente; la bolsa volvió a acoger a la cabeza. Cuando Perseo miró a su alrededor todo lo que estaba vivo, excepto él, había sido convertido en piedra.

Meditabundo abandonó el desierto de piedra, llevó a cabo la ofrenda a los muertos y brindó una ofrenda de agradecimiento a los dioses para tener un viaje exitoso. Devolvió el yelmo, los zapatos alados y la bolsa a Hermes, quien los entregó a las Nereidas. Pero la cabeza de la Medusa se la obsequió a Palas Atenea. Desde entonces ella la lleva como antepecho en las batallas. Al pescador, que los había sacado de la caja en la que estaban atrapados, lo proclamó rey del pueblo de la isla. Y después se trasladó con su madre y su esposa hacia su patria.

La noticia de su regreso se anticipó a él. Al viejo rey Acrisio le agarró un escalofrío. Quiso escapar de la calamidad y recurrió a un soberano vecino. Sorprendidos por la noche, Perseo y los suyos encontraron una hospitalaria acogida en lo del mismo rey. El héroe fue invitado al día siguiente a tomar parte de un certamen amistoso, en el cual el rey había reunido a los más nobles jóvenes. Perseo los instruyó en un nuevo juego con un disco plano, que estaba formado según el disco solar.

Cuando llegó el turno de él, tomó el disco y lo lanzó con un fuerte impulso. Éste zumbó en el aire por encima de las marcas anteriores ante los atónitos y emocionados espectadores. El disco, cayendo al suelo, le dio a un anciano y lo hirió gravemente. Era Acrisio. Perseo se apresuró a ayudarlo. El anciano sintió acercarse su fin y se dio a conocer ante su nieto. Torturado por los dolores, le contó a Perseo y a los allí presentes, de qué manera había querido desafiar la voluntad de los dioses y cómo entonces se cumplía su destino. Un estremecimiento aciago se apoderó de los hombres ante la voluntad de los Invisibles, los Todopoderosos, cuando Acrisio se despidió.

Perseo lamentó su muerte y enterró al difunto según la costumbre del país. Luego se trasladó con los suyos hacia Argos. No quería vivir en el castillo de su abuelo, a quien había matado contra su voluntad. Y buscó, en la región boscosa de los alrededores, un lugar donde construir un nuevo castillo. Muerto de sed, arrancó un hongo para refrescarse y entonces brotó allí un fresco manantial. Él bebió de la deliciosa agua y determinó establecer allí su hogar. Con dos poderosos leones esculpidos en piedra decoró la entrada de la fortaleza coronada de rocas, a la que él, en recuerdo al hongo que había arrancado, llamó Micenas. En este castillo reinó Perseo como rey de Argos hasta su muerte.

Las hazañas que realizó a continuación, no fueron celebradas en canciones; permanecien- do desconocidas para las siguientes generaciones, pues los dioses no permitieron que su gloria fuera incrementada más aún.

11
JASÓN Y EL VIAJE DE LOS ARGONAUTAS

Néfele, la diosa de las nubes, le había otorgado a su esposo Atamante, el rey de Orcómeno, dos niños: Frixo y Hele. Pero cuando Atamante se unió a una mujer mortal, Néfele lo abandonó iracunda y ascendió nuevamente al cielo. La madrasta era malvada con Frixo y Hele, y especulaba de qué manera sacar a los niños del camino.

Una vez tostó los granos de los cereales antes de dárselos a las mujeres de la región para la siembra. Como los campos quedaron desiertos y vacíos, el rey envió un mensajero a Delfos para averiguar el motivo de la esterilidad. La reina sobornó furtivamente al mensajero, para que llevara un mensaje falso y anunciara que los sembradíos darían nuevamente frutos, si Frixo y Hele eran ofrecidos a Zeus. Cuando debía ser ejecutado el sacrificio, apareció Néfele en el altar con un carnero dorado resplandeciente. Ella colocó a los niños sobre su lomo, el carnero divino se elevó y se llevó a los niños por los aires.

Cuando volaban por encima de un estrecho marino, Hele contempló hacia las profundidades, se mareó, se precipitó hacia abajo y se hundió en las aguas. Desde entonces ese lugar lleva el nombre de Helesponto. Pero Frixo fue llevado por el carnero hacia Cólquide, donde lo recibió hospitalariamente el rey Eetes. Entonces el carnero le demandó que lo sacrificara y él se lo brindó con el corazón apesadumbrado a Zeus, el protector de los fugitivos. Pero el vellocino de oro del carnero Frixo se lo obsequió a Eetes.

Sobre Atamante y su estirpe se cirnió la desgracia, desde que Néfele y los niños lo abandonaron. Atamante murió poco tiempo después. Pero también su hermano, a quien él le había entregado el reinado, murió en la flor de la edad y éste fue reemplazado por su hijo Esón. Éste gobernaba en Yolcos, una ciudad que su padre había erigido a orillas del mar. La ciudad prosperaba gracias al comercio y a la cosecha de los fértiles sembradíos. Pero Pelias, el medio hermano de Esón envidiaba su suerte y le arrebató violentamente el trono. Él mismo se puso la corona sobre la cabeza y obligó a Esón a vivir en la ciudad como un simple ciudadano. Pelias sólo podía sostener su reinado mediante la violencia y el terror. Siempre vivía con temor, pues cualquier vengador podría entrar de golpe y arrancarle la corona. Para averigüar sobre su destino consultó al Oráculo de Delfos. Y éste le dijo:

-Cuídate de aquél que lleve puesta sólo *una* sandalia.

Poco después la mujer de Esón dio luz a un niño. Los padres temieron que si Pelias se enteraba iba a atentar contra la vida del niño. Por eso confiaron a su amado retoño a un sirviente. Éste llevó furtivamente al niño envuelto en un pañuelo púrpura por las montañas hacia donde estaba Quirón, el sabio Centauro. Éste lo tomó bajo su custodia y su cuidado.

El niño, llamado Jasón, creció fuerte y se puso grande y bello. Quirón lo crió en la veracidad y afianzó su heroísmo.

Cuando Jasón tenía veinte años, Quirón le contó quiénes eran sus padres, qué destino habían tenido, y demandó de él que fuera hacia Yolcos y le reclamara el reinado a Pelias. Entonces Jasón se separó de su amado maestro y se puso en camino. Pronto llegó a un río que estaba crecido por la lluvia. Fue hacia arriba y hacia abajo buscando un vado para pasar; y entonces apareció una anciana mujer a su lado y le pidió llevarla a través de la corriente. Él complació su pedido. Cuando Jasón hubo llegado a la otra orilla y la hubo depositado en el suelo, la mujer desapareció tan rápidamente como había llegado. Él sospechó la presencia de una diosa y se estremeció.

En el vadeo de la corriente perdió uno de sus zapatos, pero sin preocuparse siguió caminando. El pueblo se maravilló cuando el joven llegó a la plaza del mercado de Yolcos. Fuerte y audaz atravesó la plaza, la cabeza cubierta de rizos dorados, que le llegaban hasta los hombros. Tenía una piel de pantera alrededor de él, pero llevaba sólo un zapato. A la misma hora pasó lentamente por allí un lujoso carruaje tirado por cuatro mulas. En este carruaje estaba sentado orgullosamente el rey Pelias. Cuando divisó al joven que llevaba un solo zapato entre el pueblo, se asustó y se puso pálido como un cadáver. Ocultando astutamente su terror le preguntó al extraño forastero por el objetivo de su viaje.

-Me llamo Jasón y he venido a reclamar el derecho de mi padre al reinado, que Pelias le ha arrebatado violentamente.

Cuando el pueblo escuchó estas atrevidas palabras, se alborozó y recibió a Jasón en medio de ellos. Pelias regresó a su palacio con el ánimo sombrío. Jasón fue conducido hacia su padre. Llorando de alegría abrazó al hijo que regresaba a su hogar. Durante cinco días festejaron el regreso. Al sexto día Jasón se dirigió hacia el palacio a ver a Pelias y le dijo:

-Tú le arrebataste con violencia la corona a mi padre, ahora debes devolvérsela voluntaria- mente. Todos los tesoros, todo el ganado te lo dejaré, pero exijo de ti el cetro y la corona.

Reprimiendo su ira, Pelias habló:

-Jasón, tú debes tener la corona. Pero antes deben ser expiados los Inmortales, que encolerizan nuestra casa. Se acerca mi vejez y ya no poseo las fuerzas para ejecutar esto, pero tú eres joven y puedes llevar a cabo lo que me exhortan los dioses por las noches en mis sueños. Y es lo siguiente: el vellocino de oro debe ser traído de Cólquide a Grecia.

De esta manera habló Pelias con la mente extraviada. Esperaba destruir a Jasón mediante esta peligrosa tarea.

Entonces Jasón abandonó la ciudad y caminó meditabundo en dirección al mar hasta que se puso el sol. Como estaba cansado se echó a descansar bajo el cielo abierto y se quedó dormido. En sueños se le apareció Hera, la reina de los dioses, y le habló:

-Jasón, fui yo quien se te apareció en el vado del río y te he puesto a prueba; ahora te ayudaré, pues detesto a Pelias, que está sentado en el trono de Yolcos. Regresa a la ciudad y construye un barco, convoca a los más valientes héroes y viaja con ellos hacia Cólquide.

Cuando Jasón partió por la mañana encontró a Argos, un hábil carpintero, en su trabajo. Él estaba dispuesto a construir un barco con él. Ellos buscaron largos troncos de abeto de las zonas boscosas cercanas al macizo montañoso de Pelión. Palas Atenea acompañó a los hombres durante el trabajo y los instruyó en la construcción del barco. Cuando ya estaban por terminar la tarea, Palas Atenea agregó a la proa un trozo de roble sagrado del santo bosquecillo de Zeus. El barco fue llamado Argos, que significa "el Rápido".

Jasón envió mensajeros por Grecia invitando a los héroes más valerosos al peligroso viaje a mar abierto. Muchos se reunían en el puerto, entre ellos, Alceo, que más tarde fue llamado Heracles, Telamón, después Peleo, el padre de Aquiles y Laertes, Acasto, el padre del astuto Odiseo, el hijo de Pelias, Linceo, el de ojo de lince, los hijos alados de Bóreas, el viento del Norte, no faltaban tampoco ni el vidente Idmón y Tifis, el mejor timonel, y fueron entonces cincuenta hombres. También Orfeo fue buscado, sin el cual el viaje no podría tener éxito. Como conductor eligieron al héroe Alceo, el fuerte hijo de Zeus. Pero éste señaló a Jasón y dijo:

-Sólo Jasón debe guiarnos a nosotros los Argonautas.

Cuando todo estuvo alistado para el viaje, los héroes empujaron el barco al mar. Un altar fue erigido en la orilla y Jasón le ofreció a Apolo dos toros gordos y rogó tener vientos suaves y un viaje alegre. La llama de la ofrenda iluminó claramente, y el vidente Idmón vaticinó buena fortuna. Hasta adentrada la noche estuvieron los héroes en el alegre banquete.

Cuando el alba anunció el irrumpir del día, subieron al barco y levaron el ancla. Jasón vertió delicioso vino a la marea, como dádiva a los dioses. Todos remaron llenos de esperanzas. Orfeo daba fuerzas a los remeros con su canto. Pronto desaparecieron de sus ojos las costas de su hogar. Ya a mar abierto expandieron las velas y un viento fresco impulsó al barco suavemente.

El primer desembarco de los Argonautas fue en una isla llamada Lemnos, que sólo estaba habitada por mujeres. Una reina gobernaba el país. Los extranjeros fueron recibidos alegremente y hospedados allí. Día tras día fueron aplazando su partida, hasta que Alceo, que había esperado en el barco, apareció y les recordó a los retrasados héroes su tarea. Velozmente partieron y se apresuraron hacia el barco, conducidos por las mujeres, las que los habían honrado con trajes lujosos, oro y cosas de mucho valor como regalos de huéspedes, y luego zarparon.

Después de muchos días atravesaron el Helesponto y desembarcaron en el puerto de Cízico, en la costa asiática. Allí gobernaba un rey, que tenía apenas la edad de un muchacho. Él recibió a los forasteros amablemente y los albergó en la ciudad. Antes de que los Argonautas siguieran viaje, subieron a una alta montaña para visualizar el camino de su siguiente viaje. Allí había gigantes de seis brazos, altos como árboles, los últimos descendientes de una antigua raza de gigantes. Ellos agitaron sus brazos, aullaron y gruñeron, de tal manera que las montañas reverberaron, tomaron bloques de piedra y los apilaron sobre una montaña en la salida del puerto. Los Argonautas se apresuraron hacia allí, tensaron sus arcos y dispararon flechas contra los gigantes. Éstas dieron con ellos que quedaron atravesados como árboles, a los que un viento de tormenta los hubiera arrancado de la raíz. Pero ahora los Argonautas debieron llevar su barco hacia el mar pasando por alrededor de la montaña apilada de rocas y recién después pudieron seguir su viaje.

Por muchos días y noches surcaron el tranquilo mar abierto sin desembarcar. Pero luego se desató una tormenta con olas tan altas, que el Argos fue bamboleado de aquí para allá como una cáscara de nuez y los héroes temerosos invocaron a los dioses. Cuando la tormenta se hubo apaciguado, divisaron una península boscosa hacia la cual se dirigieron para recuperarse del sobresalto y de los esfuerzos. Heracles tenía que fabricarse un nuevo remo; pues el que tenía se le había roto en la lucha con los elementos. Él bajó del barco y buscó un abeto en el bosque montañoso. Con ambas manos lo arrancó y se construyó un nuevo remo. Mientras tanto Hilas, su protegido, también abandonó el barco para buscar agua fresca en un manantial del bosque. Hilas era el hijo de un rey al que Heracles había matado en cierta ocasión. Él amaba tanto al muchacho huérfano, que no se quería separar de él. Hilas siguió entonces al murmurante arroyo tierra adentro, penetró cada vez más profundamente en el oscuro bosque, y recién detuvo su paso cuando el arroyo se amplió hasta convertirse en un lago pequeño. Su superficie era tranquila, y los oscuros abetos y el cielo azul se reflejaban en él. Hilas se arrodilló y llenó su cántaro: entonces las Ninfas emergieron de la corriente, lo sedujeron con su dulce canto, lo rodearon estrechamente con sus blancos brazos y lo arrastraron suavemente hacia las profundidades como a un compañero de juegos. Así como una estrella brillante cae del cielo y se consume en la oscuridad, de esa manera desapareció Hilas en la corriente.

Los llamados de auxilio del muchacho que se ahogaba reverberaron a través del bosque. Polifemo los oyó. Había salido a buscar a Heracles y le trajo la noticia del lamento del joven. Heracles dejó el trabajo, desenvainó su espada y se apresuró a ayudar al muchacho, imaginando que un animal salvaje lo habría atrapado; él lo llamó, permaneció quieto prestando atención y lo buscó infructuosamente durante toda la noche.

Sobre las montañas se elevó resplandeciente el lucero de la mañana. Un viento fresco hinchó las velas. Los héroes, despertados del sueño reparador, levaron el ancla por consejo de Tifis, y el Argos navegó rápido y liviano sobre el mar. Recién en pleno viaje, los héroes se dieron cuenta de que faltaban Heracles y Polifemo. Algunos presionaron con volver, mientras que otros quisieron seguir viaje. Jasón estaba sentado callado e indeciso entre los que discutían. Telamón, un amigo de Heracles, lo reprendió exclamando:

-¿Cómo, no quieres buscar a Heracles? Ah, ahora les es evidente a todos que le tienes envidia, crees que él desea robarte la fama y apropiarse del vellocino dorado. Yo y muchos otros más te abandonaremos.

Fue hacia donde estaba el timonel y discutiendo y gritando trató de arrancar sus manos del timón. Entonces emergió un ser divino desde la corriente marina y dijo:

-Es la voluntad de los Inmortales que Polifemo y Heracles no sigan haciendo el viaje. Los dioses han escogido a Heracles para tareas muy difíciles.

Mediante estas palabras se disolvió la pelea y Telamón se reconcilió con Jasón.

La siguiente vez atracaron en un promontorio que se extendía ampliamente en el mar. Allí gobernaba un rey que era un boxeador con una fuerza de gigante y que se batía en combate con todos los forasteros. Grande y poderoso, envuelto en un abrigo oscuro, se instaló en la orilla exigió burlonamente al más valiente para la pelea. Por su propia iniciativa apareció Polidectes, uno de los hijos de Zeus. Era pequeño de figura, pero era el boxeador más entrenado y ardía en deseos de medirse con el gigante. Cuando éste vio al pequeño, se rió a carcajadas, imaginándose que tendría un juego fácil con él. Primero Polidectes desvió los golpes, hasta que pudo conocer perfectamente el modo de lucha del oponente. Y luego también atacó él. Entonces ambos se trenzaron entre sí como animales rabiosos. En el mejor momento Polidectes le propinó al rey semejante golpe, que éste cayó de rodillas, habiendo tenido suficiente de pelea para siempre.

Cuando los Argonautas fueron abastecidos con agua y comida, siguieron navegando y recién desembarcaron de nuevo en la costa tracia. Allí encontraron a un anciano que estaba vestido con harapos y espantosamente demacrado, apoyado en un bastón y andando a tientas trabajosamente. Conmovidos por la piedad y la compasión, los héroes le preguntaron por su destino. Era Fineo, el rey de Tracia. Él había obtenido de los dioses el don de la profecía y había abusado de ella. Por eso los dioses lo castigaron con la ceguera y permitieron que las Arpías lo persiguieran. Éstas eran seres de una forma similar a la de los pájaros que se acercaban veloces cuando él quería comer y le robaban o le ensuciaban la comida.

-Ahora ha llegado el tiempo de mi salvación, -dijo él- han desembarcado los héroes que me podrán liberar de las espantosas Arpías; y eso sólo son capaces de hacerlo los hijos de Boreas, que se encuentran junto a ellos.

Con alegría le prestaron ayuda al anciano digno de compasión. Cuando Fineo se acercó al banquete con los Argonautas y quiso comer, las Arpías aparecieron en el aire súbitamente, le arrancaron los mejores pedazos de las manos y huyeron, dejando tras de sí un hedor nauseabundo. Los

Boreadas se precipitaron y persiguieron a las Arpías ampliamente por tierra y por mar. Cuando estuvieron cerca de atraparlas, apareció Iris, la mensajera de los dioses, en el resplandeciente arcoíris y exclamó:

-No atrapéis ni matéis a las Arpías, los perros vengadores de Zeus. Regresad, que Fineo no volverá a ser perseguido por ellas jamás.

Cuando los hijos de Boreas regresaron al barco, casi no reconocen a Fineo. Estaba recién bañado y con ropas nuevas y se hallaba sentado en el círculo de los héroes, alegrándose por la deliciosa comida. En agradecimiento, Fineo les predijo a los héroes qué destinos les aguardaban y les dio un sabio consejo.

-Debéis atravesar las Simplegadas, que son rocas, que no están firmemente enraizadas a la tierra, sino que siempre se chocan y crujen, triturando todo lo que hay aparece entre ellas. Aún no ha salido ningún hombre ileso de allí. Pero yo les aconsejo hacer lo siguiente: tomad una paloma y hacedla volar a través de allí; una vez que atraviese el peligro, entonces resultaréis ilesos. Si ella es triturada por las rocas, retornad o estaréis perdidos. Si tenéis éxito en la travesía, entonces navegad a mano derecha bordeando la costa hacia Cólquide. El vellocino de oro que buscáis está colgado de un roble y es vigilado por un dragón, que tiene cien ojos y nunca duerme.

Los héroes escucharon asombrados al anciano, pero a ninguno se le desapareció el coraje del corazón. Una vez fortalecidos por la comida, procedieron a continuar el viaje.

Ya desde lejos se podía oír el choque y la vibración de las rocas, brotando de la espuma del mar. El timonel Tifis les ordenó remar con fuerza. Las rocas altas como montañas tronaban entre sí y se distanciaban. El mar ondeaba y emergía bien alto. Eufemos hizo volar a una paloma. Los héroes siguieron su vuelo llenos de tensión. Ya se aproximaban nuevamente a las rocas bamboleantes. Con un ligero batir de alas la paloma voló hacia ellas. Entonces las rocas chocaron entre sí estruendosamente, el mar se agitó y se enfureció desde el fondo. Entonces un remolino agarró al barco y lo hizo girar en círculos, de tal forma que los héroes ya no pudieron ver nada. Cuando el timonel pudo tener al barco de nuevo en su poder, la paloma había atravesado feliz el tramo. Linceo sin embargo observó, que había perdido dos plumas de la cola.

Llenos de esperanza, los héroes remaron con todas sus fuerzas y se aproximaron al pasaje. Pero enseguida una ola alta rompió y elevó al barco. Tifis dio la orden de recoger los remos: el Argo se hundió en el valle de olas. Ahora los héroes colocaron los remos en las correas de tal manera que formaron un arco. Pero las olas cada vez más poderosas levantaban el barco y lo llevaban hacia atrás. Las rocas se aproximaban nuevamente. Ola tras ola el barco brincaba en la espuma y bailaba como una cáscara de nuez de aquí para allá. Ya las rocas proyectaban su sombra sobre el barco; y amenazaban con triturarlo y allí, en la más extrema necesidad, apareció la ayuda de los Celestiales. Palas Atenea apareció y contuvo con la mano izquierda una de las rocas, mientras que con la derecha de daba al Argos un fuerte empujón. Luego las rocas chocaron entre sí, pero el barco ya había pasado. Los héroes se alborozaron. Sólo la ornamenta en la popa se destrozó. Las rocas se volvieron a distanciar y se quedaron así para siempre, como se predijo. Las olas se apaciguaron, y el Argos navegó tranquilamente hacia el mar Negro.

Por muchos días y muchas noches navegaron los Argonautas bordeando la costa. Finalmente se acercaron a una isla. Un pájaro sobrevolaba en círculos el barco. Éste se sacudió y una pluma voló hacia abajo cual si fuera una flecha, hirió a uno de los héroes en el hombro de tal manera que le brotó la sangre. Entonces se alzó desde la isla una bandada de pájaros negros y se acercó chillando al barco. Eran las

Estinfalidas, los pájaros de Ares. Rápidamente se cubrieron todos con los yelmos, algunos buscaron los escudos y se mantuvieron protegidos sobre las sillas de remo. Los pájaros se sacudían y en el techo de escudos llovían las flechas. Entonces los héroes golpearon los escudos con la parte roma de las espadas y eso sonó tan fuerte que el ruido ensordecedor espantó a los pájaros.

En la isla se encontraron con cuatro hambrientos náufragos. Provenían de Cólquide y habían ido a parar allí luego de una tormenta. Jasón les dio a conocer el objetivo de su viaje. Ellos les advirtieron de Eetes, el hijo de Helios y su poderío de guerra, y les suplicaron que volvieran. A lo que Peleo respondió:

-Nosotros también somos hijos de los dioses y no titubearemos en pelear, si él no nos da por su propia voluntad el vellocino de oro.

Ningún peligro hubiera podido detener a los héroes, después de haber atravesado ilesos por las Simplegadas.

Con ansias de batalla navegaron los Argonautas hacia Cólquide. Ahora se aproximaban a las altas y oscuras montañas del Cáucaso. Entonces lo vieron a Prometeo estremecerse en una pared rocosa y abrupta. El águila sobrevolaba por encima de él. Más adelante escucharon aún los gritos de dolor del titán que se desvanecían a lo lejos.

Pronto Linceo divisó Cólquide. Con renovadas fuerzas se colocaron ante los remos. El sol rojo ardiente se hundía en el mar, cuando el Argos dio con los juncos crecidos de la corriente de Fasis. Jasón vertió vino en el mar con una copa dorada e invocó a los dioses del mar, de la Tierra y del Cielo para que les dieran protección y amparo. Entonces los Argonautas desembarcaron. Al barco lo atracaron en una bahía llena de juncos, y luego se echaron a descansar, hasta que despuntara el nuevo día.

Hera y Palas Atenea vigilaban preocupadas en el Olimpo a su amado Jasón y meditaban acerca de cómo lo podían ayudar en la resolución de la difícil tarea. Ellas buscaron a Afrodita, la diosa del amor, y le pidieron su colaboración. Afrodita prometió, despertar el amor en el corazón de la hija más joven del rey, para que ella, preocupada por la vida de su amado héroe, lo ayudara con sus poderes mágicos, a robar el vellocino.

Cuando el sol se elevó, Jasón se dirigió con algunos de sus compañeros al castillo de Eetes que resplandecía vastamente. Al pie de la colina del castillo vieron el sagrado bosquecillo de robles. En un poderoso roble relucía el vellocino de oro. Hera envolvió a los héroes con una nube de niebla y ellos caminaron sin ser notados por la ciudad hasta el palacio, donde la nube se alejó de ellos. Asombrados ingresaron en el patio. Las flores delicadamente perfumadas crecían maravillosamente y los árboles tenían flores y frutos a la vez. Una fuente, elaborada artísticamente por Hefestos, se hallaba en el centro: de cuatro orificios fluían leche, aceite, vino y agua, que en verano estaba fresca y en invierno caliente. Sobre baldosas de mármol y bajo un recinto de columnas que brindaba sombra caminaron hasta el palacio del rey.

Del alto portal salió una joven. Sorprendida por la aparición del resplandeciente muchacho, permaneció quieta, pero luego desapareció, tímida como un ciervo, hacia el interior. Jasón la contempló admirado. En ambos corazones había encendido Afrodita el fuego de amor.

Jasón traspasó el umbral del palacio y fue recibido por Eetes como un rey. Después de haberles alcanzado los sirvientes escudillas de oro para lavarse los pies y las manos, fueron hospedados de manera hospitalaria. Cuando, después del banquete el vino fuera pasado de mano en mano en un recipiente de oro, Eetes les preguntó a los forasteros por sus nombres, su patria y el objeto de su viaje.

Jasón nombró su procedencia y dijo, que había venido para pedirle el vellocino de oro. Cuando Eetes escuchó esto, se alejó de la celebración, tomó su lanza y exclamó arrogante de ira:

-Esta lanza te habría traspasado si no hubieras sido mi huésped. Pero yo venero a Zeus, el protector de la hospitalidad, y no deseo cometer atrocidades contra él. Mintiendo buscas engañarme, pues tú has venido para arrebatarme mi reinado.

Para apaciguar la ira del rey, Jasón contó cuán maravillosamente lo habían protegido los dioses en el viaje y también que la voluntad de los Celestiales era que el vellocino de oro fuera llevado a Grecia.

Entonces Eetes mitigó el ardor de su ira y habló:

-Ahora bien, si tú colocas mis toros que lanzan fuego que me regaló Hefestos en el arado y aras los campos que yo estoy acostumbrado a arar, en un día; si siembras los dientes de dragón y triunfas por sobre los gigantes, que crecerán de esa siembra: entonces puedes buscar el vellocino.

Jasón se puso a meditar, pues el trabajo le parecía demasiado peligroso. Luego habló tranquilamente:

-Yo soportaré la tarea, obedeciendo a los dioses que me han conducido hacia aquí.

Él se levantó de la mesa. Sin ser acompañados, los héroes abandonaron el palacio y la ciudad y se dirigieron hacia el barco.

Medea, la joven que Jasón había visto en la puerta del palacio, se había deslizado furtivamente en la sala del rey y había escuchado todo lo que se dijo allí. Ella invocó en su corazón a los dioses, para que asistan y ayuden al héroe. Después de una noche de insomnio se levantó temprano de la cama, para recomponer su deber como sacerdotisa de Hécate, la diosa de la magia. Hera movilizó a Jasón, para que él cuando el sol se empiece a ocultar, acudiera al templo de Hécate. Allí encontró él a la joven en un vestido blanco de sacerdotisa. Por largo tiempo permanecieron callados el uno frente al otro, con la mirada dirigida al piso, y luego habló la sacerdotisa, venciendo toda timidez:

-Soy Medea, la hija de Eetes. Yo sé lo que te ha conducido a la lejana Cólquide y conozco la prueba, ante la cual debes colocarte mañana. Yo te seré de ayuda con la fuerza y el arte de mi diosa. Escucha mi consejo, Jasón. Abandona el barco esta noche, ocúltate en un traje negro y ofrécele a Hécate en un lugar secreto un cordero. Cava silenciosamente una acequia, mata al cordero y deja fluir la leche y la sangre por la acequia, junta madera, enciende un fuego y quema el animal sacrificado en las llamas. A continuación vuelve al barco y aguarda el amanecer. Tan pronto como el cielo se haya enrojecido, desciende al río, báñate y frota este jugo por tu cuerpo. Espárcelo también por el escudo, la espada y la lanza. Luego regresa al barco, pero sé precavido y ten coraje, no mires a los costados ni contemples tampoco hacia atrás. También esto te advierto: si debes luchar contra los gigantes, arroja una piedra entre ellos.

Acto seguido le dio una botellita que contenía un jugo mágico. A éste lo había preparado Medea de la raíz de una planta, que había crecido de las gotas de sangre del hígado del titán Prometeo. -Jasón le agradeció y dijo:

-¡Oh, sacerdotisa, si vinieras a la hermosa Grecia! Serías altamente venerada y sólo nos separaría la muerte.

Luego abandonó el templo para hacer lo que Medea le había aconsejado.

Por la noche, cuando todos sus compañeros dormían, se alejó del barco y preparó la ofrenda. Las lenguas de fuego se agitaban desde el suelo y la Tierra tronaba con un ruido pesado y seco. Jasón reconoció por esta señal, que Hécate había aceptado el sacrificio. Él regresó entonces y cuando apareció el alba, bajó y se bañó en el río. Se frotó por su cuerpo el jugo mágico que le había dado Medea y enseguida sintió cómo crecía la fuerza en sus brazos y piernas; y luego embadurnó también sus armas con el ungüento.

Cuando regresó al barco, la Tierra empezó a estremecerse; Hécate, la diosa misma, pasó delante de él, rodeada de perros que ladraban. Jasón, recordando la advertencia, bajó su mirada. En el barco todos los compañeros se atropellaron alrededor de él y se asombraron de su transformación. Les pareció más grande, más fuerte y más magnífico. Uno de ellos probó la dureza del escudo y lo golpeó con todas sus fuerzas con su espada: la espada estalló estruendosamente en varios pedazos.

Entonces acompañaron a Jasón, lleno de esperanza, al sembradío. Allí estaba ya presente el pueblo de Cólquide en una multitud para observar la batalla. En un carro de combate tirado por cuatro corceles salvajes apareció el rey. Con una armadura lujosa y cubierto por un reluciente yelmo de oro, estaba parado orgullosamente y le gritaba a Jasón:

-¡Comienza el trabajo! Amansa los toros y sujétalos delante del arado.

Gruñendo y lanzando fuego se atropellaban los toros de pies de hierro en el establo. Rápidamente Jasón dejó su armadura y sus armas y se dirigió hacia el primero de los toros. Cuando lo vio venir el toro bajó la cabeza hacia el suelo, gruñó, paró la cola y fue corriendo hacia él. De un manotazo Jasón agarró al toro por las astas y lo hizo quedarse quieto. Con una fuerza de hierro le giró la cabeza lentamente y lo obligó a ponerse de rodillas. El pueblo se alborozó. Acto seguido condujo al toro hacia el arado. Al otro toro lo domesticó de igual forma. Luego les colocó a ambos la yunta sobre el pescuezo. El fuego les salía de las fosas nasales, y Jasón estaba rodeado de llamas. Los héroes gemían temiendo por su vida. Pero Jasón salió intacto del fuego abrasador, tomó el arado y empujó a los toros. Profundamente pasó el arado por la tierra fue danzando la hoja plateada. Surco tras surco fue marcado y antes de que el sol llegara al mediodía, el campo estuvo arado. Entonces Jasón puso los dientes de dragón en un yelmo. Caminó por el campo el los sembró. Cuando esto fue ejecutado, el rey se fue a la ciudad con el rostro pálido, y el pueblo junto con Jasón y sus compañeros abandonaron el sembradío. Una vez llegado al barco se le alcanzó un yelmo lleno de agua fresca; él apagó su sed y descansó a la sombra del barco. Cuando estaba empezando a bajar el sol todo el pueblo volvió a retumbar. Allí se encontraban parados, como si fueran un bosque, los gigantes, que hacían rechinar sus armas y esperaban a su oponente con ansias de batalla. Jasón agarró un bloque de piedra, que ni siquiera cuatro hombres podrían haber movido de su lugar, y la arrojó en medio de los gigantes. Éstos se empezaron a mover, presionándose y empujándose entre sí, unos echándoles la culpa a los otros de haber tirado la piedra. Ellos se golpearon con los puños, agarraron sus armas y pelearon con salvaje ira; entonces las filas se fueron aligerando cada vez más y por último tomó parte Jasón y alzó su espada contra los gigantes, de tal manera que fueron cayendo al piso como troncos de roble quebrados por la tormenta.

Estupefacto, acosado por las dudas que lo corroían, el rey se alejó. El pueblo acudió, alabando la astucia y la fuerza del héroe, y Jasón regresó al barco rodeado por sus jubilosos amigos.

Se hizo de noche. Eetes iba de acá para allá preocupado y afligido por el vellocino de oro. Le quedaba sin embargo como última esperanza que el dragón que lo vigilaba, lo hubiera custodiado bien. También Medea estaba atormentada por el temor y no se quiso quedar más en el palacio. Tomó a Absirto, el niño preferido de Eetes, en sus brazos y escapó de la casa.

Por senderos ocultos se apresuró hacia el barco. Encontró a los héroes en el banquete de camaradería, llamó a Jasón y lo presionó para buscar el vellocino todavía esa noche. De rodillas se lo suplicó, y le pidió también que después la salve y la lleve consigo a la lejana Grecia.

Velozmente y sin hacer ruido caminaron Jasón y Medea, acompañados por Orfeo, a lo largo de la susurrante corriente del Fasis, dirigiéndose hacia el bosquecillo sagrado. El vellocino resplandecía en el roble, ampliamente visible. Cuando se aproximaron, el dragón se movió, los cien ojos chispearon y él se arrastró ruidosamente con venganza hacia los intrusos. Medea lo confrontó sin temor, sumergió una rama de enebro en un recipiente e hizo estallar el líquido contra el dragón, invocando a los dioses del mundo subterráneo. Un perfume maravilloso se propagó y lo anestesió progresivamente. Él bajó su cabeza y se quedó dormido. Orfeo tocó las cuerdas de la lira y cantó tan dulcemente que el dragón quedó atrapado a las ataduras del sueño. Entonces Jasón se dirigió hacia el roble, tomó el vellocino y lo colocó sobre sus hombros; y luego abandonaron apresuradamente el bosquecillo. El vellocino les alumbró el camino. Los que aguardaban en el barco se quedaron admirados. Creyeron que Apolo, el resplandeciente, se acercaba a ellos. Cuando los tres fueron ocultados en el barco, se levó el ancla y el Argos salió al alba hacia el mar.

La partida de los Argonautas se descubrió pronto. Eetes salió con sus guerreros al mar, se precipitaron a los barcos, cortaron las amarras y remaron hacia el Argos. Pronto lo alcanzaron. Eetes levantó su lanza para traspasar a Jasón y entonces un terror paralizó sus miembros. Medea había aparecido en la cubierta del barco y tenía a Absirto, su hijo preferido, en brazos. Ella le arrancó la cabeza y la arrojó al mar. Suplicando de dolor Eetes se arrodilló. Él ocultó cuidadosamente la cabeza del niño y siguió persiguiendo al Argos. Apenas hubo buscado la cabeza del niño, Medea le volvió a tirar otro miembro al mar, y así mantuvo al perseguidor alejado del Argos. Cuando el rey hubo escondido todos los miembros del niño, maldijo a los que escapaban con espantosas imprecaciones, hizo virar el barco, viajó hacia su hogar y dio sepultura al niño. Poco después un rey extranjero conquistó sus tierras y se hizo soberano por sobre el pueblo de Cólquide.

Los Argonautas navegaron hacia su patria. No estaban lejos de Grecia cuando los alcanzó la ira de los dioses. El tonante lanzó rayo tras rayo y Poseidón sacudió el mar desde el fondo; el Argos se bamboleó de aquí para allá, de tal manera que los tablones se fracturaron. Los héroes habrían estado perdidos si Hera no hubiera extendido su mano protectora sobre el barco. Hasta entonces había sido propulsado por regiones extrañas. Los héroes habían perdido toda dirección y medida del tiempo. Después de una larga odisea se aproximaron al país de los Feacios, un pueblo de navegantes. Según la determinación de Hera, allí debían celebrar su boda Jasón y Medea. Entonces resonó por primera vez la madera del roble sagrado y dijo:

-La ira de Zeus rige sobre vosotros; y no se mitigará, hasta que Circe haya expiado la atrocidad cometida a Absirto.

Pero Circe, una hechicera y hermana de Eetes vivía en una isla a los lejos en el mar del mundo. Como ovejas a sus pastores, la rodeaban figuras espantosas, similares a animales, mitad cerdo, mitad perro, asno o lince. Eran hombres hechizados que alguna vez habían desembarcado en su isla.

Los Argonautas no osaron desembarcar en el país de los Feacios; pues primero debían buscar la isla de Circe. Por días y noches se propulsaron tras ella sobre el mar infinito. Inclusive alcanzaron la corriente del Océano, que no podía ser navegada por ningún mortal. En extrema necesidad se les apareció Hera, tomó al Argos y lo impulsó hacia una corriente de Norte por regiones neblinosas. Finalmente desembarcaron en la isla de Circe.

La bella hechicera se hallaba en la orilla del mar y se estaba purificando; pues en sueños había visto a su palacio lleno de sangre. Jasón y Medea descendieron, la siguieron silenciosamente al palacio y entraron al hogar. Con ambas manos Jasón sostuvo la espada, con la cual había sido asesinado Absirto. Con esta señal Circe reconoció, que ellos querían hacer penitencia por un crimen, y otorgó a los condenados la acción purificadora; luego debían abandonar la isla.

Pero pronto los amenazó una nueva desgracia, cuando debían atravesar por la escarpada isla de las Sirenas. Las Sirenas eran vírgenes con cuerpos de pájaro, que, sentadas en las rocas detrás de los arbustos, seducían a los navegantes con su canto cautivador. Cuando éstos escucharon el canto, les agarró una añoranza tan grande, que navegaron con todas sus fuerzas en dirección a la isla y se estrellaron contra los acantilados.

Tan pronto como el barco se fue aproximando a la isla, comenzó un sonar y un cantar, que los Argonautas no pudieron resistir. Ellos remaron hacia la isla. Pero entonces Orfeo se levantó, tomó su lira y tocó y cantó de manera tan conmovedora, que el hechizo de las Sirenas se rompió y los hombres pudieron pasar con éxito por la isla.

Entonces surgió de nuevo el país de los Feacios. Esta vez podían desembarcar. Ellos fueron recibidos de manera hospitalaria por el rey de la isla. Las Ninfas extendieron el vellocino de oro en una gruta y se adornaron, pues allí debía tener lugar la boda. Se celebró toda la noche. Las Ninfas cantaron y bailaron ante la cueva en la pradera del bosque y los héroes ejecutaron competencias. Pero de pronto retumbó el aire espantosamente y hacia allí resopló el dragón de cien ojos. Él quería recuperar el vellocino. Pero llegó demasiado tarde. Como la boda ya había sido celebrada, su poder se había roto, y él desapareció en la oscuridad, nadie sabe hacia dónde.

Alegremente navegaron a la mañana siguiente hacia Grecia. Pero de nuevo se desató una violenta tempestad. Nueve días y nueve noches duró la tormenta y los arrastró hacia la costa libia. Olas poderosas impulsaron al barco hacia la tierra llevando al Argos sobre su lomo; y luego se retiraron de nuevo dejando al barco en la playa. El sol ardía caluroso y los héroes temieron sofocarse de calor. Silenciosamente se echaron sobre la arena, se cubrieron con pañuelos y esperaron con pesar la muerte.

En el ardor del mediodía Jasón sintió que lo tocaban suavemente en los hombros. Se enderezó y visualizó con admiración a tres vírgenes iguales a diosas, Ninfas, las señoras de esta región desierta. Ellas le dijeron:

-Si el corcel de Poseidón surge de la corriente, entonces la madre que os ha llevado y cuidado durante tanto tiempo, cargará con vuestra culpa.

Acto seguido desaparecieron. Durante mucho tiempo meditó Jasón tratando de dilucidar el oscuro sentido de aquellas palabras. Entonces emergió del mar ondulante un caballo, murmurante se agigantó la espuma blanca sobre la arena, éste sacudió sus crines doradas y ondulantes y saltó por delante del barco hacia el desierto. Jasón lo observó y comprendió de golpe las palabras de las Ninfas. Llamó a sus compañeros para que se levanten y así poder seguir con el barco el rastro del caballo. Ellos lo alzaron sobre sus hombros y lo llevaron así durante doce días y doce noches, hasta que alcanzaron el golfo de Tritón. Allí deslizaron el barco por el agua, pero no pudieron hallar ninguna salida de la bahía. Por consejo de Orfeo le consagraron a Poseidón un tridente dorado. Cuando se estaban yendo, apareció un joven, recibió el regalo y desapareció. Entonces emergió el viejo Tritón de las aguas, de la manera en que él amaba aparecerse ante los hombres: azulados ondeaban los cabellos sobre su cabeza, su cuerpo húmedo y brillante estaba cubierto por relucientes escamas y terminaba en dos colas similares a las de un pez con aletas en forma de media luna. El dios del mar agarró el barco y lo desvió desde la bahía hacia el mar abierto. Ahora pudieron extender nuevamente las velas, y después de dos días ya pasaban por la isla de Creta.

Otra vez los sorprendió entonces la tormenta; el cielo se oscureció, y los héroes tuvieron miedo de toparse con rocas al navegar en la impenetrable oscuridad. Entonces se hizo visible en el cielo un arco luminoso, flechas plateadas como rayos se dispararon sobre una pequeña isla y les iluminaron un puerto seguro. Jasón reconoció al salvador; y le consagró a Apolo un altar sobre la isla.

Al seguir navegando en la claridad de la mañana, descubrieron finalmente las costas de Grecia. ¡Cómo se alegraron y alborozaron los héroes! Con todas sus fuerzas remaron hacia la patria largamente añorada. Jasón dirigió el barco hacia la ciudad de Corinto. Allí, en un estrecho, había un bosquecillo santo, consagrado a Poseidón. A este bosquecillo llevaron su barco y se lo consagraron al dios del mar. A continuación los amigos se separaron; cada uno fue a su ciudad natal y contó, alborozado y maravillado, los destinos de su viaje. Pero Jasón se dirigió con Medea hacia Yolcos, para devolverle a Pelias el vellocino de oro.

Por medio de este acto Jasón había cumplido lo que los dioses habían demandado de él: el vellocino de oro se hallaba nuevamente en Grecia. Desde entonces fue conservado en el santuario de Deméter en Eleusis.

Pelias, viviendo en la locura y creyendo que Jasón no regresaría nunca, para asegurar su reinado, había asesinado a la estirpe de Jasón. Éste se presentó ante su tío, le devolvió el vellocino de oro y le recordó su promesa. Pero Pelias se rehusó a darle el cetro y la corona.

Inútilmente meditó Jasón acerca de cómo arrebatarle al tirano la herencia; pero sólo Medea conocía los medios y los caminos para hacerlo. Mediante sus artes mágicas se había ganado la confianza de las hijas de Pelias, y con su ayuda la venganza tendría éxito.

Medea se dispuso a rejuvenecer a un viejo carnero. Encendió un fuego bajo una caldera, la llenó con agua y echó cuidadosamente delicadas hierbas allí dentro; después mató al carnero, lo despedazó y colocó los pedazos en el caldo hirviente. Desde el vapor ascendente se oyó un suave balido, y de golpe saltó un joven borreguito del caldero. Las hijas se quedaron maravilladas y le pidieron a Medea que le devuelva la juventud a su padre. Cuidadosamente preparó Medea el trabajo con las hijas de Pelias y les dio consejo e instrucciones exactas. Por la noche se deslizaron en la cama del durmiente padre y lo mataron con una espada, lo seccionaron en pedazos y lo hirvieron en el caldero. Pero la hechicera les había dado unas hierbas que no hacían efecto, y de esta forma ellas se convirtieron en las asesinas de su padre.

Acasto, el hermano, tenía ahora el deber de vengar la muerte de su padre. Por eso ambos, Jasón y Medea, debían huir esa misma noche de Yolcos como desterrados. Sin hogar, huyeron a Corinto y encontraron en esa ciudad amparo y protección. Durante muchos años vivieron felices y se alegraron por tener dos hermosos hijos.

Pero sucedió, que cuando la juventud de Medea se marchitó, Jasón se enamoró de la hija del rey de Corinto y se quiso casar con ella. Antes de la celebración de la boda el rey de Corinto se le apareció a Medea y la quiso expulsar de su país. Debía abandonarlo antes del atardecer. Con amargo dolor se aferró a las rodillas del rey y le pidió permanecer un día más. El rey temió su venganza; pero como no era desalmado, le concedió su pedido. A la noche preparó Medea su venganza.

Por la mañana mandó a un mensajero hacia donde estaba la hija del rey con un hermoso vestido entretejido en oro como regalo de bodas. Ella tomó feliz el flamante vestido, se lo puso y se apresuró a mostrárselo a su padre. Entonces la atravesó un violento dolor, de manera que se cayó lamentándose; el vestido quemaba como fuego sobre su cuerpo y ella giraba retorciéndose en el piso. Llamado por las sirvientas, el rey se apresuró y trató de liberarla del vestido, pero la hija murió, con terribles dolores, en sus brazos. Y también el rey fue atacado por el mismo dolor quemante y murió a causa del vestido emponzoñado. Jasón, que había recibido la terrible noticia, quiso apresurarse para ayudar, pero fue demasiado tarde. Él se alejó muy triste de la sala. Y allí mismo se precipitó un sirviente y le dijo balbuceando sin aliento:

-Tus hijos están muertos, y a manos de Medea.

Conmocionado por el horror, se apresuró hacia el otro recinto. Allí vio cómo Medea, la hechicera, saltaba a un llameante carro de dragones y zumbaba por los aires. Ella huyó hacia el rey Egeo de Atenas y fue su mujer. Al convertirse en madre de un niño, trató de envenenar a Teseo, el hijo mayor del rey, para que su hijo fuera el futuro rey. Pero lo que planeaba fue descubierto y Egeo la desterró. Entonces Medea huyó con su hijo en un carro mágico hacia Cólquide. Ella se reconcilió con su anciano padre y lo restableció como rey de Cólquide.

Jasón, sin embargo, vivió solo en Corinto. A menudo iba al sagrado bosquecillo de Poseidón, se sentaba a la sombra del Argos, con el que había navegado por el mundo en los alegres días de la juventud, y contemplaba meditabundo las imágenes que surgían del recuerdo. Una vez sucedió que, cuando se quedó dormido junto al Argos, los tablones se soltaron y lo sepultaron bajo los escombros.

12
ALCEO – HERACLES

Entronizado a lo alto del Olimpo, Zeus habló a los dioses allí reunidos:

-El niño, que le nacerá mañana a Alcmena en la morada de las Perseidas, es mi hijo. Él se convertirá en el rey más poderoso de Argos, y todos los descendientes de Perseo vivos deberán ser sus ciudadanos.

Hera, llena de celos, cambió su semblante y dijo:

-No manifiestes, Zeus, el último sentido de tu discurso; adelante, jura, que el recién nacido del día de mañana será rey de Argos y soberano por sobre las Perseidas.

Sin desconfianza Zeus lo juró, y todos los dioses reunidos allí se alegraron.

En la oscuridad de la noche Hera abandonó secretamente el Olimpo con las diosas del destino, para demorar el nacimiento del, según ella, odiado hijo de Zeus.

Al alba, cuando se acercaba la hora en la que Alcmena debía dar a luz, Hera sitió la casa junto con las diosas del nacimiento. Invisibles para los mortales, se contrajeron con los brazos y piernas cruzados e impidieron, que el luminoso hijo de Zeus ingresara a la Tierra con el sol naciente. Hera, entretanto, se apresuró ha dirigirse al castillo de Micenas, donde la reina también esperaba un niño, y causó que este niño llegara al mundo demasiado temprano. Recién después de que pasó esto, las grises figuras que estaban en círculo alrededor de la casa de Alcmena se soltaron y entonces pudo nacer el hijo de Zeus.

Exultante, Hera se apresuró a regresar al Olimpo. Ella había aventajado a Zeus y consiguió que el recién nacido, aunque débil, Euristeo fuera soberano por sobre Argos y por sobre el hijo de Alcmena.

Pero Zeus no podía revocar su juramento. A la siguiente noche envió a Hermes, ordenándole que llevara secretamente a su hijo al Olimpo. Entonces colocó al niñito en el pecho de la adormecida Hera, y éste bebió de la leche divina. Mediante la misma obtuvo la fuerza invencible sobre la Tierra y el componente eterno en la vida de los dioses después de la muerte. Terrible fue la ira de Hera, cuando se despertó y fue consciente de lo que había sucedido. Llena de odio sólo podía pensar en el niño.

Alcmena colocó al niño en un escudo que sirvió como cuna. Una vez ocurrió sin embargo, que la madre se había quedado dormida y la nodriza se había alejado de la habitación. Entonces Hera utilizó este instante. Envió a dos serpientes que debían estrangular al niño. Ellas se arrastraron hacia el escudo y se dirigieron siseando por sobre el borde del escudo. Entonces el niño las agarró y las estranguló hasta que perecieron. Con el ruido se despertó la madre y gritó pidiendo ayuda. Los sirvientes se apresuraron hacia allí y la nodriza se acercó lamentándose. Anfitrión, el padre adoptivo, irrumpió en la alcoba con la espada desenvainada, pero ésta cayó de su mano cuando vio el acto del niño. Todos los que lo vieron estaban admirados por la señal divina y la poderosa fuerza del niño.

Allí también entró a tientas el vidente ciego Tiresias, que ya había sobrevivido a muchas edades humanas y había experimentado dos veces todos los destinos, una vez de manera providente y luego vivenciándolos. Los sirvientes les hicieron lugar respetuosamente. Él se aproximó al escudo y anunció:

-Yo te saludo, Alcmena, madre del hijo, que venció en la cuna a la pareja de serpientes de Hera. A este niño se le ha escogido como destino una batalla sobrehumana.

El niño, llamado Alceo, creció fuerte y alegre.

Anfitrión le enseñó a él y a su hermano Íficles, nacido después de él, a conducir la cuadriga; célebres héroes eran sus maestros en las carreras y en las luchas, en la arquería y en la equitación. Linos, uno de los poetas de Apolo, lo instruyó en el arte de la música, le enseñó los cantos de la Antigüedad y le cantó acerca de los dioses, de los héroes y de sus destinos. A uno de estos héroes amaba Alceo muy especialmente; a él quería emular: era su ancestro Perseo. También debía aprender a tocar los instrumentos de cuerdas. Pero él daba golpes torpes y Linos se burlaba de él. De pronto lo avasalló la ira, la sangre se le fue a la cabeza y a los miembros, y golpeó a su amado maestro con la lira de caparazón de tortuga. Éste cayó y se murió. Horrorizado gritó Alceo y luego se inclinó llorando amargamente sobre el difunto.

Alcmena, presintiendo la difícil suerte del muchacho, sintió un profundo pesar en su corazón. Alceo debía abandonar la ciudad. El padre adoptivo se lo dio en custodia a un pastor de ganado, que cuidaba su manada en las montañas de Citerón.

Allí entonces creció Alceo, lejos de los hombres, se convirtió en un fuerte jovencito y ayudó al bondadoso pastor. Pero también convivía con otro hombre, con un sacerdote, que de tiempo en tiempo acudía a la región y lo instruía en los asuntos divinos. Alceo tenía dieciocho años cuando apareció un león por los alrededores y se precipitó a robar el ganado. Armado con un garrote Alceo lo venció.

Una vez, cuando Alceo cuidaba la manada, vio pasar a emisarios lujosamente vestidos. Maravillado Alceo preguntó de dónde venían y qué querían hacer en Tebas, su ciudad natal. Eran enviados del rey Erginos de Orcómenos, que todos los años, renovando la afrenta de la ciudad de Tebas, exigían cien bueyes como tributo. Alceo los agarró, ató sus manos a sus espaldas, y los envió, preparados con alevosía, de regreso a Orcómenos con la inscripción: "Que éste sea el tributo." Acto seguido Erginos se armó para la guerra contra el rey de Tebas. Ante esta noticia Alceo se dirigió a la ciudad. Palas Atenea le obsequió las armas para la batalla. Todos se quedaron admirados ante el recién llegado, que sobrepasaba en altura y crecimiento a los compañeros de su edad, de cuyos ojos salían chispas. Alceo condujo a los tímidos guerreros a la batalla ante las fuerzas superiores. Su coraje enardecía a todos, y ellos forzaron a huir al ejército enemigo. Como recompensa por su valentía, Alceo obtuvo como esposa a la hija del rey, Megara. Por mucho tiempo vivieron felices juntos en Tebas y para su alegría vieron crecer a ocho hijos. Alceo llevó a cabo muchas hazañas. Durante un tiempo también acompañó a Jasón en el viaje hacia Cólquide, pero regresó tempranamente predestinado a realizar otros actos. Pero Hera no soportaba que Alceo continuara su vida de manera despreocupada.

Cuando él se encontraba una vez en el altar para hacer una ofrenda a los dioses, envió a la diosa de la rabia para alterar sus sentidos. Silenciosamente y cubierta por negras vestiduras, se colocó junto a él. Un estremecimiento conmovió a los allí presentes, que presintieron la proximidad de una entidad divina. Pero Alceo se puso rígido del horror, y luego tembló y se estremeció. Los pensamientos se le esfumaron y envuelto en una frenética ira, le arrancó de la mano el cuchillo de ofrenda a su hijo mayor, se lo clavó en el corazón y colocó la ofrenda ante la llama del altar. En su enceguecimiento mató también a los demás niños y los puso como sacrificio sobre el altar. Luego sucumbió agotado y la diosa se distanció de él.

Paralizados por el horror y sin habla, se encontraron Megara y los sirvientes. Alceo se despertó como de un sueño pesado. Se incorporó despacio y reconoció lo que había hecho. En silencio salió de la sala y abandonó la casa y la ciudad. Sólo en el templo de Delfos podía ser interpretado su oscuro y agobiante destino, y se le podía decir qué sería necesario para la expiación de su acto. La sacerdotisa, que estaba sentada sobre el taburete de tres patas por encima de la bostezante hendidura terrestre, envuelta en el vapor ascendente y el aroma del incienso, sostuvo la escudilla sagrada y la rama de laurel en las manos y percibió la vos del dios. Ella le contestó al que preguntaba:

-De ahora en adelante debes ser llamado Heracles, ejecutor de actos para honor y gloria de Hera. Apolo te convoca a ir a Micenas. Si tú ejecutas doce actos como siervo del rey Euristeo, los que él te indique, el crimen de tus hijos está expiado.

Entonces Heracles se dirigió hacia la amurallada Micenas. Él entró en la sala del rey, donde Euristeo estaba sentado con una capa púrpura en el trono dorado. El rey se asustó cuando lo vio venir. Y Heracles dijo:

-He venido para servirte como esclavo. Adelante, dame las tareas para que me libere de la culpa de la sangre.

Euristeo estaba espantado; hubiera echado preferentemente a este esclavo. Entonces le aconsejó uno de los sirvientes que enviara a Heracles a los campos de Nemea, donde tendría que matar al temible león, que habitaba allí. Euristeo también le ordenó que le traiga la piel de este león.

Heracles se puso en camino y llegó a la región donde moraba el león. Ésta estaba completamente abandona por los hombres y el ganado. Sólo en una choza encontró aún a un anciano, que preparaba una ofrenda a los muertos para su hijo. Lleno de compasión Heracles le preguntó por qué había muerto su hijo. El anciano le contó que lo había despedazado el león. Entonces Heracles le dijo al hombre:

-Retrasa tu ofrenda a los muertos unos treinta días, hasta que yo regrese; entonces se la brindaremos a los dioses como ofrenda de agradecimiento. Pero si yo no vuelvo, otorga también la ofrenda a los muertos en mi memoria.

Con estas palabras abandonó al anciano. Pronto se alborotó el matorral y el león se deslizó hacia él y Heracles le dio un certero disparo de flecha. Pero el león quedó ileso y desapareció velozmente en la espesura. Heracles lo siguió pero le perdió el rastro. No sabía qué hacer. Entonces se le apareció Palas Atenea y le dijo que el león había desaparecido hacia su cueva, que tenía dos salidas. Ella le indicó el camino y también le dio la idea de bloquear una de las salidas. Cuando hubo ejecutado esto, se desplazó también hacia la otra. El león gruñía de rabia, sus ojos verdes chispeaban, y con un salto se le apareció desde la oscuridad. Allí no había armas que ayudasen. Con ambos brazos agarró Heracles al león, se apoyó contra él y lo estranguló con una fuerza de hierro, hasta que su vida se extinguió. Jaló al animal de la caverna y le quiso sacar la piel. Pero su filosa espada no era capaz de cortarla.

-Sólo con las garras del león puedes hacerlo - le dijo Palas Atenea, que se hallaba junto a él.

De esta manera consiguió arrancar la piel. Él se la echó sobre la espalda; la cabeza del león le servía como yelmo y a las patas delanteras las anudó sobre el pecho. Así caminó Heracles cubierto con la piel de color fuego llameante y con el garrote al hombro e dirección a casa. El treintavo día había despuntado cuando llegó a la choza del anciano y ahora les brindaron ambos a los dioses una ofrenda de agradecimiento. Después Heracles se dirigió a Micenas y entró derecho a la sala del rey. Euristeo estaba pálido como un muerto, de tal forma se asustó con la aparición de Heracles. Estremecido de miedo, le prohibió ingresar nuevamente al palacio. Un mensajero le entregaría las tareas, él debería esperar ante la muralla de la ciudad, o donde él prefiriese.

Después de un tiempo, Copreo, el mensajero, le entregó la tarea de buscar a Hidra y matarla. La Hidra, traída por Hera del mundo subterráneo, era una especie de serpiente de nueve cabezas, por cuyo aliento venenoso perecían hombres y ganado. Si dormía, se expandía una niebla mortal sobre ella. De las nueve cabezas había una que estaba cubierta con escamas doradas y brillantes y era inmortal. Heracles viajó en un carro hacia los pantanos de Lerna, donde se encontraba la serpiente gigante propagadora del horror. Él podía llevar consigo a un acompañante y eligió a Iolao, el hijo de su hermano. La Hidra se había escondido en una cueva en las montañas boscosas cercanas. Heracles disparó flechas ardientes en la entrada, hasta que la serpiente se escurrió siseando. Entonces blandió el garrote y trituró con un golpe tres cabezas; pero para su horror de la sangre fluyente se volvieron a formar de cada cuello dos cabezas nuevas, y así sucedió con cada cabeza cortada. Había cada vez más serpientes que siseaban por todos lados a su alrededor, de forma que él apenas se podía defender. Entonces Heracles llamó a su acompañante, y le dijo que encendiera un gran fuego para quemar con ramas ardientes los cuellos, a medida que él cortaba las cabezas.

De esta manera se impuso por sobre la monstruosa serpiente. Sólo restaba la cabeza inmortal de escamas doradas. Heracles quiso darle un golpe con la espada, pero la cabeza se despegó y se escurrió rápida como un rayo hacia un bloque de piedra. Ahora, separada de la cabeza, la serpiente pereció.

Después le cortó el cuerpo a la serpiente y sumergió sus flechas en la sangre negra fluyente. Ésta era tan venenosa, que de aquí en adelante las flechas matarían infaliblemente.

Euristeo tuvo que darle a Heracles una mueva tarea. Él se la mandó a decir por medio del mensajero:

-Que eres capaz de matar con fuerza, eso ya lo has comprobado; ahora muéstranos, si eres un cazador acertado y atrapa a la cierva de Artemisa.

La cierva, rápida e incansable corriendo, tenía una cornamenta dorada, una estampida de bronce y se mantenía escondida en los oscuros bosques. Heracles la espantó. Por bosques y montañas se escapó de él. Siempre persiguiéndola, siguió el rastro de sus patas livianas y apresuradas por Tracia, luego por estepas desconocidas, hasta que llegaron a una gran corriente que hoy se llama Danubio. La cierva desconfió de las profundas aguas y regresó. Atemorizada corrió por delante de Heracles y se ocultó, pero fue hallada nuevamente por el incansable cazador. Finalmente llegaron de nuevo a regiones conocidas. Agotada, la cierva se sumergió en el bosquecillo de Artemisa. Heracles la agarró suavemente y la llevó sobre los hombros por el bosque. Entonces se le aparecieron Artemisa y Apolo. Iracundo, Apolo amenazó con lanzarle una flecha al atrevido ladrón. Heracles exclamó:

-¡Nada me enceleriza, dioses! Si cometí un error con lo que os es sagrado y bendecido, no lo hice libremente, sino como esclavo y servidor de la divina Hera.

Apaciguado, Apolo colocó la flecha en el carcaj. Heracles entregó la cierva tranquila y durmiente a su señor. Euristeo le otorgó la libertad, y con leves saltos desapareció la bella cierva en el bosque.

Esta tarea había sido muy fácil, esto opinó Euristeo y le ordenó traer el jabalí de Erimanto vivo a Micenas. Este jabalí habitaba en unas salvajes montañas nevadas. Desde allí devastaba toda Arcadia. Era extraordinariamente grande y tenía y tenía colmillos de hierro muy afilados.

Tras la caza de este jabalí Heracles atravesó el extenso, verde y tupido valle de un río. Aquí habitaban en los arroyos y en las alegres cascadas los Centauros, los amantes de todo lo fluyente. Heracles se acercó a una caverna donde vivía el Centauro Folos. Éste lo invitó hospitalariamente y convidó al hambriento cazador con carne que había puesto al asador. Heracles estaba sediento y le pidió a Folos que le alcanza algo para beber. De las profundidades de la cueva Folos buscó un barril, que cuatro edades humanas antes había recibido de Dionisios con el consejo de conservar cuidadosamente el vino y ofrecércelo como bebida a Heracles, que pasaría por allí. Ahora abrió entonces el barril y le dio de beber a Heracles. El aroma del delicioso vino se extendió por todo el valle, y atraídos por la dulzura, muchos Centauros se reunieron y sintieron deseos de beber del chispeante vino. Folos y Heracles echaron a los invasores; éstos buscaron bloques de piedra y ramas de árboles y los arrojaron contra la entrada para forzar con violencia lo que les era negado. Entonces Heracles estalló en llameante ira. Saltó de su asiento, tomó arco y flecha y le lanzó miradas amenazadoras a los Centauros; tensó el arco y disparó una flecha. Uno de los Centauros cayó moribundo. Los demás huyeron espantados por el valle y se amontonaron, buscando protección, alrededor del sabio y experto sanador Quirón. Heracles los persiguió, disparó flechas contra ellos y desafortunadamente Quirón fue alcanzado por una de ellas. Pero Quirón era inmortal, y comenzó para él una penosa agonía. Heracles se esforzó en calmarle los dolores con hierbas curativas, que buscó según su indicación; pero no le produjeron ningún alivio. Afligido se despidió de Quirón para ir a cazar al jabalí. Cuando llegó a la cueva de Folos, lo encontró muerto. Folos se había asombrado de que un Centauro tan poderoso como aquél pudiera morir al se alcanzado por una cosa tan pequeña. Echó un vistazo a la flecha, que se resbaló y se fracturó, se le cayó en la rodilla, de manera que murió.

Heracles subió a la montaña persiguiendo al salvaje jabalí. Él sabía ir tras su presa de tal forma, que la misma pudiera escapar en dirección al valle, sino que siempre tuviera que subir cada vez más alto. Finalmente no le quedó ninguna salida; el jabalí corrió por las nieves eternas y se quedó atrapado allí. Heracles le tiró una soga al cuello y lo amarró. El jabalí gruñó furioso. Luego se lo puso a sus espaldas y caminó en dirección al valle. No se preocupó por la prohibición de Euristeo y llevó a su presa a la sala del rey. Cuando Euristeo lo vio entrar con el animal salvaje, salió corriendo por la puerta trasera y se escondió en un barril. Por la broma no se tendría que preocupar más. Heracles llevó al jabalí al templo de Hera.

Como próximo trabajo tenía que ahuyentar a las Estinfalidas de Arcadia. Las Estinfalidas eran una especie de grullas con garras de hierro. Cuando revoloteaban en el aire, sus garras se sacudían y las plumas caían hacia abajo como una lluvia de flechas. Heracles fue al bosque donde moraban estos pájaros y empezó a gritar tan alto como podía, pero los pájaros no se molestaron por esto. Perplejo regresó él y allí se le apareció Palas Atenea y le dio dos matracas de bronce, que Hefestos había elaborado para él con sus propias manos. Con éstas se dirigió nuevamente hacia donde estaban los pájaros y empezó a hacer ruido con las matracas, de manera que el bosque se estremeció por el ruido espantoso y ensordecedor. Asustados revolotearon los pájaros, se elevaron chillando por los aires y se fueron volando de allí hacia las regiones del Este.

Después de que Heracles hubo ejecutado también este trabajo, Euristeo dijo:

-Ahora le voy a hacer ejecutar un trabajo propiamente de esclavo -y le ordenó limpiar en un día el establo de vacas de Augias.

Augias era un rey muy rico de un país vecino, uno de los preferidos de Helios, y había recibido de él como regalo doce piezas de ganado blancas como la nieve y sin manchas. Además poseía doscientos bovinos púrpuras y trescientas de cuernos plateados. A este ganado lo tenía durante la noche en un corral cuadrado, alto y amurallado. Augias les prometió a sus siervos del ganado una alta paga, pero siempre los engañaba de manera astuta. Y así sucedió que ninguno de ellos quiso cuidar u ocuparse más del ganado. Las vacas levantaban un cúmulo de vapor, de manera que después de poco tiempo empezaron a observar hacia afuera con sus cabezas por encima del borde del muro. Un hedor espantoso se extendía por el país. A este vapor horrible debía enfrentarse ahora Heracles en un día. Augias, alegre de tener nuevamente un sirviente, le prometió como paga la décima parte de su manada.

Palas Atenea le dio ideas acerca de cómo limpiar el establo. Primero hizo agujeros en los muros y hacia la tierra. Luego cavó dos cuencas hacia el río Alfeo, que se hallaba en las cercanías. Alfeo, el dios del río, le permitió al solicitante desviar su agua y conducirla a través del establo. Entonces Heracles abrió una brecha en el dique y el agua se vertió en el nuevo lecho, enjuagó el establo completamente y fluyó por la otra cuenca hacia el antiguo lecho. De esta forma y en poco tiempo fue limpiado el establo. Al atardecer Heracles exigió su paga. Pero Augias bromeando le dijo:

-Si hubieras sido un hombre libre, entonces te podría dar el ganado; ¿pero qué harías con ellas como esclavo? -Y dicho esto lo expulsó de su reino.

Ahora Heracles tuvo el encargo de buscar las yeguas de Diomedes. Para esto podía llevar dos compañeros, que le serían de ayuda para cargar los corceles al barco. Heracles escogió a Iolao y Abdero. Ellos viajaron a través del mar y desembarcaron por la noche en la inhóspita costa rocosa de Tracia en el reino de Diomedes. Iolao y Abdero se quedaron en el barco y esperaron. Heracles se encaminó hacia el establo para secuestrar a las atemorizadas yeguas. Era conocido que a todos los forasteros que llegaban a su país, Diomedes les reprochaba sus yeguas, pues ellas comían sólo carne humana y juncos, lo que les daba una fuerza inagotable. Heracles ingresó en el establo, robó los animales, rompió las cadenas de hierro con las que estaban fuertemente atados y condujo a los caballos hacia afuera del establo. Cuando despuntó la mañana y los caballos debían ser llevados hacia el barco, empezaron a relinchar. Diomedes escuchó esto y fue inmediatamente a ver los caballos. Cuando advirtió que los mismos habían sido robados, fue con sus guerreros tras los ladrones. Heracles y Iolao le dieron batalla a Diomedes. Abdero se dispuso a cuidar entretanto a los caballos. Pero los guerreros se precipitaron sobre el joven y lo despedazaron. Acto seguido se metieron en el tumulto de batalla y mataron también a Diomedes, su señor. Pero con su sangre se apaciguaron. Y cuando se percataron de la muerte de su rey, huyeron de allí.

Heracles le erigió a su compañero un recordatorio, y luego, vengando su muerte, destruyó la ciudad y el castillo de Diomedes. Después regresó con los corceles a Gracia. Le entregó las yeguas a su señor, y éste se las obsequió a Hera.

Ahora Euristeo quería darle a su esclavo una tarea difícil y peligrosa. Había oído que en la isla de Creta había un toro furioso. De sus fosas nasales salía fuego y mantenía atemorizados y espantados ininterrumpidamente al pueblo y al mismo rey. A este toro debía capturarlo Heracles y llevarlo a Micenas.

Heracles se trasladó hacia Creta en un barco y se encontró con el rey Minos, a quien pertenecía el toro, para que le sea ordenado qué hacer.

Minos, uno de los preferidos de Poseidón, había recibido este magnífico toro para ofrecérselo al dios del mar. Pero Minos se arrepintió de sacrificar ese animal y le ofreció a Poseidón otro toro, que era similar a éste en fuerza y belleza.

El dios del mar castigó al rey e hizo salvaje y bravío al animal salvado. Éste propagaba un terror violento; y nadie había sido capaz hasta entonces de ponerle un límite. Entonces llegó Heracles. El toro hundió la cabeza hasta el piso, cuando Heracles se aproximó, pisoteando fuerte, gruñendo y danzo latigazos con la cola, levantando una nube de polvo. De un salto se precipitó sobre Heracles, éste lo tomó con un manotazo fuerte de las astas, e hizo que el furioso atacante se detuviera y le giró despacio la cabeza, hasta que el toro se puso de rodillas. Allí se amansó. Heracles se colocó sobre su lomo y lo condujo con las astas hacia la orilla del mar. Empujó luego al toro hacia la corriente y nadó sobre él por el mar hasta Grecia. Desde la torre del palacio, Euristeo contemplaba asombrado al extraño jinete que se aproximaba. Él ordenó a Heracles llevar el toro al templo como don consagratorio para la reina de los dioses. Pero Hera no aceptó el regalo, y Heracles liberó finalmente al toro. Éste fue dominado pronto de nuevo por la furia y llevó caos a Grecia, hasta que encontró un nuevo amo que lo domesticó, y ese fue Teseo.

Ahora Euristeo ya no sabía qué tarea darle a Heracles. Entonces llegó su hija y le pidió:

-Exígele a tu siervo que me traiga el cinturón de la reina de las Amazonas. -Este acto tuvo que llevar a cabo Heracles como novena tarea.

Acompañado por muchos héroes viajó con una pequeña flota hacia la isla de las Amazonas. Éstas eran mujeres astutas y peleadoras, que, en ropas de hombre y cabalgando sobre veloces corceles, practicaban la caza y el arte de la guerra. Ellas se gobernaban a sí mismas, se instruían acerca de la guerra y la paz y eran conducidas a la batalla por una reina. En este reino los hombres sólo eran esclavos serviciales. Cuando Heracles desembarcó, se dirigió al castillo y le dijo a la reina lo que lo había conducido hacia allí. Ella le respondió:

-El cinturón será tuyo, si me lo puedes robar mediante la astucia o la fuerza.

A Hera le desagradó que Heracles pudiera obtener el cinturón tan fácilmente. En la forma de una Amazona se reunió con las demás, y avivando la pelea, gritó:

-¡El intruso quiere raptar a nuestra reina en el barco!

Enseguida agarraron las mujeres espadas y hachas de combate; unas se apresuraron hacia el barco y las otras rodearon el castillo, de manera que Heracles se vio rodeado de enemigas al salir. Con una ira endemoniada la hermana de la reina fue la primera en lanzar un hacha de combate contra él. Heracles la esquivó acertadamente, y luego se precipitó sobre ella, le ató las manos y la condujo capturada hacia el barco. Las Amazonas surgían de todos lados luchando, y los pocos helenos hubieran estado en gran necesidad, si Heracles no hubiera combatido entre ellos. Como un mar agitado por la tormenta, se enardecía la batalla por aquí y por allá. Pero las filas de las Amazonas se aligeraban; ellas sucumbían ante el arte de los hombres entrenados en la batalla y eran tomadas prisioneras. Hacia la tarde Heracles llamó a los guerreros a sosiego y levó las anclas. Entonces apareció la reina y vio a su amada hermana y a todas sus amigas atadas a los barcos, y le exigió astutamente a Heracles que libere a las prisioneras. Heracles se dirigió a la cubierta de atrás del barco y exclamó:

-Si como recompensa me das tu cinturón y viajas voluntariamente con nosotros a Grecia, todas tus hermanas serán liberadas.

Acto seguido la reina se desabrochó el cinturón, ella misma llevó la joya al barco y se despidió de sus hermanas. Después Heracles expandió las velas y surcaron el mar.

Ellos atravesaron la costa del reino de Troya. Desde los barcos notaron intranquilidad en la orilla. Precisamente en ese momento Hesione, la hija del rey Laomedonte, debía ser ofrecida a un monstruo marino. Heracles descendió a tierra, saludó al consternado rey y se enteró a través de él, cómo había llegado la desgracia. Recordando el acto de su antepasado Perseo, se dispuso a salvar a la hija del rey. Laomedonte le prometió como recompensa una vid dorada, que había recibido como antiguamente como regalo de Zeus.

Heracles luchó contra el monstruo, lo venció y salvó de esta forma a la hija del rey de una muerte temprana y aterradora. Laomedonte estaba muy contento de que su hija le hubiese sido devuelta. Al liberador sin embargo lo echó con burla y desprecio. Heracles juró entonces, vengar al rey por romper con su palabra.

A continuación le llevó a Euristeo el cinturón. Pero la reina de las Amazonas se lo dio a Teseo como premio por su valentía en la batalla. La hija de Euristeo no osó conservar para sí el cinturón, porque temió a las fuerzas que encerraba el mismo y por eso se lo llevó a Hera a su templo ofreciéndoselo como dádiva de consagración.

-Ya no hay ninguna tarea más para mi esclavo en la Tierra habitada por los hombres, -le dijo Euristeo al mensajero- por eso debe traerme las vacas solares de Helios.

Después de que Heracles hubiera recibido esta tarea, recorrió perplejo muchos países, hasta que llegó finalmente al borde de la corriente del Océano. Allí erigió dos poderosas columnas, como recordatorio de su viaje, que lo había conducido más allá de todos los hogares humanos. Luego se sentó sobre una piedra a meditar y no supo realmente a dónde debía dirigirse. Helios descendía ya en su resplandeciente carro solar hacia el Océano para viajar durante la noche hacia el Este en una barca dorada sobre la corriente primordial. Enceguecido por el fulgor Heracles dio un salto iracundo y exclamó:

-¡Tu luz me lastima los ojos! Tú también colaboras a exacerbar mi destino, -tomó arco y flecha y apuntó hacia el dios solar. Helios apaciguó al iracundo y le peguntó qué lo había conducido hacia allí. Heracles le dijo:

-Soy el siervo de Euristeo y le debo llevar tus vacas solares.

-Toma mi barca que ella te llevará a la isla, donde pasta mi ganado. -dijo Helios. -Pero tú debes luchar contra el perro y el gigante de tres cuerpos que las vigilan.

Heracles subió a la barca dorada y le pareció elevarse fácilmente de la Tierra.

Cuando hubo alcanzado la isla, subió a una montaña para poder visualizar desde allí a las vacas solares. Un mar de nubes blancas relucientes se hallaba suspendido sobre él. A sus pies yacían praderas verdes y jugosas, en las que las vacas rojizas pastaban tranquilamente. Cuando Heracles se acercó a ellas, un enorme perro saltó sobre él, ladró y detuvo sus pasos. Heracles lo golpeó con su garrote. Entonces sonó un coro tonante:

-¿Quién osa entrar atrevidamente en la tierra de las vacas solares? -y el gigante de tres cuerpos se levantó.

Heracles se asustó y se estremeció de temor. Detrás de sí percibió de golpe la conocida voz de Palas Atenea, que lo alentaba:

-¡No temas, toma coraje y lanza tu flecha!

Heracles apuntó y el arco sonó siseando. El gigante cayó muerto. Palas Atenea lo ayudó entonces a cargas las vacas en la barca y también el cuerpo del gigante. La barca se hundió suavemente y la isla desapareció de su vista. En la orilla de la corriente primordial volvió a encontrar a Helios que lo había esperado. Heracles le agradeció y el dios solar se alejó con la barca.

Heracles enterró al gigante y partió con las vacas. Pasando por los diferentes países tuvo que combatir a los habitantes que vivían allí. Así llegó a un pueblo, cuyo líder, llamado Britón, lo recibió hospitalariamente. Su hija Celto se enamoró de Heracles y escondió su ganado. Recién cuando la hiciera su esposa, liberaría a los animales. Heracles permaneció un tiempo con ella. Cuando tuvo que seguir viaje, le regaló al despedirse un arco y le dijo:

-Cuando el hijo que nos nazca se haga hombre y sea capaz de tensar este arco, ser convertirá en rey sobre vuestro pueblo.

Así sucedió y desde entonces los dioses celtas otorgaron a Heracles veneración divina.

Después de que hubo ascendido una alta y espantosa montaña y ya había caminado mucho, llegó al valle verde de un río, en el cual se alzaban siete colinas. Dejó pastar al ganado y después se echó en la quietud del calor del mediodía bajo la sombra de un árbol y se quedó dormido. Entonces se escabulló un gigante, se robó dos de las vacas, las arrastró de las colas hacia su caverna y cerró la entrada con un gran bloque de piedra. Cuando Heracles despertó, se dio cuanta de que faltaban dos vacas. Él las buscó y pronto encontró el rastro. Pero para su asombro éste lo condujo lejos de la pared rocosa. Él siguió de nuevo el rastro y llegó nuevamente a la manada que se hallaba pastando, pero las vacas perdidas no se encontraban entre ellas. Afligido por la pérdida, reunió a las restantes vacas y siguió trasladándose con ellas. Pero cuando pasó con la manada por la pared rocosa, sonó profundamente en la montaña un mugido conocido. Extrañado contempló el bloque de piedra. Con toda su fuerza la empujó y se vio ante la entrada de una profunda caverna. Un gigante se enfrentó a él y le exigió que se midiera con él. Ambos lucharon y Heracles finalmente venció al demonio. Después pudo liberar a las dos vacas secuestradas. Cuando quiso seguir camino, llegaron los campesinos del valle del río adornados con ramas de laurel y saludaron a Heracles como a su emancipador. Ellos erigieron un altar, hicieron ofrendas a Zeus y lo alabaron, prometiendo venerar a Heracles de allí en adelante en ese altar con consagraciones divinas. Heracles les agradeció y dijo:

-A los hombres que me brinden ofrendas sacramentales en este altar, a ellos les cabrá mi fuerza. Por todas partes adonde yo haya llegado y luchado con mis compañeros, allí obtendrán la soberanía. -Y dicho esto siguió su camino.

Heracles alcanzó el mar y quiso trasladarse con el ganado hacia Grecia. Entonces un animal se le escapó y nadó hasta una isla cercana, llamada Sicilia. Mientras él buscaba a la huidiza, Hefestos le cuidó la manada. Heracles tuvo que medirse con en rey de Sicilia en una pelea, y recién después pudo obtener a la vaca que se había escapado. Cuando finalmente llegó a Grecia y descendió a tierra, Hera le envío un freno, que les clavó a los animales entre los ojos. El dolor los puso furiosos, y se escaparon hacia todas las direcciones. Sólo después de gran trabajo y esfuerzo, Heracles consiguió atraparlas.

Después que la hubo reunido nuevamente las llevó entonces hacia Micenas. Euristeo estaba sorprendido más allá de toda medida por el regreso de Heracles y ofreció las vacas a su protectora divina.

Él ordenó a Heracles como próxima tarea, buscar las doradas manzanas de las Hespérides. Con esto esperaba condenarlo a una eterna odisea. Dónde se encontraban las Hespérides, les era desconocido a los mortales. En el alto Norte, así decía la leyenda, más allá de los gélidos vientos, habría un jardín paradisíaco, en el cual Zeus habría celebrado con Hera, la reina de los dioses la fiesta de boda. En este jardín había crecido un árbol, que tenía manzanas de oro, las manzanas del amor, un regalo de bodas de la Tierra. Él estaría cuidado por cuatro vírgenes, las Hespérides, y vigilado por su hermano, un dragón insomne de cuatro cabezas.

Buscando y preguntando se trasladó Heracles de país en país. Finalmente las Ninfas recibieron al incansable buscador. Ellas le revelaron bromeando y con acertijos, que Nereo, el anciano del mar, le daría la respuesta, si él era lo suficientemente paciente. Él encontró al anciano en su caverna, fresca y azul resplandeciente y le formuló la siguiente pregunta:

-¿Dónde puedo encontrar las manzanas de las Hespérides?

En lugar de darle una respuesta, Nereo trasformó su figura. Una llama se elevó adonde había estado él. Cuando Heracles quiso apresarla, un chorro de agua se escurrió a través de sus dedos. Heracles se inclinó de nuevo y volvió a hacer la pregunta. El interrogado se trasformó en un pez y luego se elevó en el aire como pájaro, pero Heracles le siguió preguntado incansablemente y quiso atraparlo, hasta que Nereo sintió compasión y se dejó atrapar. Ahora se le apareció en la forma de un hombre, con cabellos azulados y una barba ondulante también azulada. Heracles le preguntó velozmente:

-¿En qué país se encuentran las manzanas de las Hespérides? -Nereo respondió con una voz melodiosa:

-En el Paraíso.

-¿Y dónde puedo encontrar el Paraíso?

-En el último país.

-¿Y dónde debo buscar al último país?

–En toda la Tierra, -dijo Nereo y desapareció en la fresca corriente.

Heracles se echó de nuevo a andar. Llegó nuevamente a las columnas que había erigido y se dio cuenta, que las tierras más allá del estrecho marino también estaban habitadas. Él nadó hacia allí y vio grandes campos de trigo, que ondulaban con el viento de aquí para allá, como si fueran un mar dorado. Allí también había árboles que tenían flores y frutos al mismo tiempo. Era una tierra de abundancia y calor; hasta los mismos hombres estaban bronceados por el sol. Aquí gobernaba Anteo, un gigante de piel morena. Poseidón era su padre y como madre tenía a la misma Tierra, que le daba todas las fuerzas para no poder ser derribado por ninguna criatura. Con este hijo de la Tierra tenía que pelear Heracles. Si el gigante era elevado por el aire por Heracles, iba a perder fuerzas, tomaría contacto de nuevo con la Tierra y sería colmado con una fuerza invencible. Esto observó Heracles. Por eso lo levantó en las alturas y luchó con él, sosteniéndolo al mismo tiempo con ambos brazos. Cuando se hizo la tarde, acopió todas sus fuerzas, pues temió que la noche haría al gigante aún más fuerte. De esta forma consiguió derrotar al hijo de la Tierra. Recién cuando estuvo muerto, lo colocó sobre la Tierra y lo enterró.

Cansado por la pelea, Heracles se estiró, se tapó con una piel de león y se quedó dormido. Por la noche aparecieron los Pigmeos, los hermanos enanos del hijo de la Tierra, y pellizcaron al durmiente. Cuando se despertó, le pareció haber dormido en un nido de hormigas. Se levantó, se sacudió riendo, golpeo también con fuerza su piel de león y siguió caminando. Entonces llegó al valle de la corriente del Nilo, en Egipto, el maravilloso país de los templos y las pirámides; subió a las altas tierras de Persia, donde los pastores encendieron fuego en los picos de las montañas y veneraron de forma divina a la luz roja resplandeciente, descendió también a las pobladas ciénagas de la India y llegó al país del sol naciente, siempre buscando el árbol de las Hespérides. Allí decidió regresar y atravesó el mundo hacia la medianoche. En su viaje pasó por las montañas del Cáucaso, donde Prometeo languidecía aún aferrado a las rocas. En ese momento el águila circulaba por los aires. Heracles se compadeció de él y exclamó a Zeus suplicándole:

-¡Padre, permíteme liberar a Prometeo! -Zeus respondió tronando desde las alturas del Olimpo.

Heracles tensó inmediatamente el arco, apuntó y le disparó al águila, que se precipitó hacia abajo.

Prometeo se sentía mortalmente abatido y sin embargo no podía morir. Le dijo a Heracles:

-Si alguien entregara su vida por mí, entonces podría volver a tener fuerzas.

Entonces Heracles recordó la agonía de Quirón, y lo llamó. El Centauro dio con gusto su vida por Prometeo y tomó voluntariamente su lugar en el reino de las sombras. Ahora Prometeo siguió viviendo, liberado de sus ataduras, con nuevas fuerzas. Él, que contemplaba ampliamente y sabía muchas cosas le habló a Heracles:

-Tú, que has errado extensamente, yo le prepararé un final a tu odisea; camina persistentemente contra el viento Norte, así alcanzarás el último país en la corriente del Océano. Allí encontrarás a mi hermano, que porta la bóveda celestial. Pídeselo, y él te buscará tres manzanas doradas del jardín de las Hespérides. Pero a ti te está prohibido entrar al jardín.

Heracles caminó hacia la patria del viento del Norte. Más allá del límite de los hogares humanos, en una soledad espeluznante y un frío atroz, encontró al gigante Atlas, hermano de Prometeo. Él estaba arrodillado sobre una montaña y llevaba en su nuca la bóveda celestial. Heracles se dirigió a él y le hizo su pedido.

-Si entretanto tú portas en mi lugar la bóveda celeste, te buscaré las manzanas, -respondió Atlas.

Entonces Heracles se arrodilló y recibió al cielo sobre sus hombros. El gigante se alejó y pronto regresó con las manzanas doradas. Riendo le dijo a Heracles:

-Ahora carga tú el cielo por mí, yo quiero recorrer el mundo. -Y Heracles le dijo al anciano:

-Encárgate del cielo aún un momento, para que pueda colocarme un almohadón sobre los hombros, me duelen las axilas.

Atlas puso las manzanas en el piso y se encargó nuevamente de la carga. Liberado, Heracles se estiró y dijo:

-Fuerza tienes para cargar la bóveda celeste, pero te falta la sabiduría, para existir en el mundo. Sigue cargando el cielo y déjame a mí recorrer el mundo, de la manera en que los dioses lo han determinado para ambos.

Con estas palabras, tomó las manzanas y se dirigió camino a casa. Todos se quedaron asombrados al ver llegar a Heracles a Micenas. En la palma de la mano le mostró a Euristeo las manzanas. Éste se encegueció tanto con su resplandor dorado, que se retiró con ojos dolorosos. Heracles le entregó las manzanas a Palas Atenea, y la diosa se las regresó a las Hespérides. Durante un largo tiempo caviló Euristeo acerca de cuál sería la última tarea. Lo que se le ocurría le parecía muy fácil de hacer. Finalmente se le ocurrió algo que estremecía de sólo pensarlo: le ordenó a Heracles descender al mundo subterráneo, capturar vivo a Cerbero, el perro guardián del reino de los muertos y llevarlo a Micenas. Ante esta tarea hasta el mismo Heracles se estremeció.

-Zeus -exclamó con voz poderosa-, ninguna tarea me fue difícil de ejecutar allí donde brilla tu luz; pero donde me falta, todas las fuerzas se me desvanecen.

Zeus le envió a su hermana Palas Atenea para que lo ayudara. Ella se aproximó a él y le dijo:

-Si tú has cumplido esta tarea, no habrá nada en el mundo a lo que puedas temer. Tú, vencedor por sobre todas las cosas, serás libre para siempre.

Ella lo acompañó hacia Eleusis. Allí Heracles fue instruido por sacerdotes, para estar preparado y ser digno de traspasar el umbral de Hades. Luego se puso en camino hacia el mundo subterráneo. Atenea lo condujo hacia una montaña, que se alzaba imponente por encima del mar. Allí, en una gruta, donde se mezclaba el agua salada y la dulce, se hallaba una de las entradas al mundo subterráneo. Heracles ingresó meditabundo. Hermes lo recibió mudo y lo guio. La gruta se estrechaba hasta convertirse en un oscuro pasillo. Le parecía como si caminaran cada vez más profundamente hacia abajo.

Cerca de la entrada encontró a Teseo, que, en un capricho atroz, agredía a Pirítoo, para raptar a Perséfone. Suplicante, le extendió las manos. Heracles contactó al que se mantenía entre la vida y la muerte y lo liberó. Pero cuando quiso liberar a Pirítoo, la roca sobre la cual se sentaba se estremeció tronando y no cedió.

Cuando Heracles siguió caminando, se distanció de él. Entonces llegó a un campo, que yacía en una incandescencia gris. Desde el gris frío y neblinoso surgían montañas abruptas y rocas puntiagudas. Nada verde se veía alrededor ni tampoco nada que respirara, no se escuchaba ningún curso de agua murmurante; y reinaba tanta quietud, que Heracles podía oír su sangre fluir y hasta se asustaba de sus propios pasos. Los caminantes llegaron al oscuro río del mundo subterráneo y Caronte, el conductor de los muertos, obedeciendo una señal de Hermes, los trasladó serenamente a través del río. A la otra orilla Heracles se encontró con las almas de los difuntos. Algunas se le acercaron en penumbras y otras lo eludieron. Entre los héroes de la Antigüedad que se acercaron a él, también se acercó Meleagro y le rogó recibir a su hija Deyanira, que se sentía sola en el mundo de la luz. Acto seguido se le apareció Medusa. Rápidamente desenvainó su espada; pero Hermes le indicó apaciguándolo, que sólo se trataba de su sombra, de la que él era consciente en ese momento.

Por un portal oscuro llegó ante el soberano de los muertos. Serio y lleno de dignidad estaba sentado Hades sobre el trono. Una capa roja oscura decorada con llamas negras caía de sus hombros hasta los escalones del trono. Su rostro era pálido y negros sus cabellos ondulantes, sobre los cuales relucía una corona dorada.

Heracles se inclinó hacia adelante en silencio y expresó su encargo. Hades le permitió llevar a Cerbero a Micenas, si era capaz de atraparlo sin armas.

A la vuelta Heracles se encontró con el perro infernal de tres cabezas. Éste ladró al ver al forastero de manera que la región desolada y espectral se estremeció y el perro escupió veneno y bilis. Sin temor, Heracles se dirigió hacia él, agarró las tres cabezas con un manotazo veloz y estranguló al animal; la cola con cabeza de dragón se dio vuelta y mordió a Heracles en la pierna. Pero él presionó cada vez más fuertemente hasta que el perro gimoteó lastimosamente. Luego lo soltó. Cerbero se encorvó entonces y le lamió los pies. A continuación lo ató con fuertes lazos, tomó sus armas y se encaminó hacia el mundo de la luz. A la salida de la caverna lo despidió Hermes.

Cuando Heracles ingresó en la luz ardiente del sol, el perro se retorció en las ataduras, se ofuscó y pateó y dio alaridos de dolor. De la venganza babeó bilis negra; y de allí creció una planta de cicuta con su veneno mortal. Como el perro aún se resistía, Heracles lo cargó. Como un fuego salvaje se propagó la noticia de su regreso. Euristeo, estremecido por el temor y el espanto, ordenó a sus soldados a que rechazaran al que se aproximaba con el poder de las armas.

Cuando Heracles llegó a las fronteras del reino, se le prohibió la entrada. Entonces soltó al perro del infierno. Acto seguido la Tierra bostezó y se lo devoró. Allí, donde el perro había descendido al mundo subterráneo, brotó un manantial, al que se le dio el nombre de Fuente del Perro. De esas aguas bebieron en épocas posteriores los esclavos devenidos libres en memoria a Heracles, quien mediante este acto había obtenido la libertad.

Después de que fuera llevada a cabo la expiación, Heracles regresó a su hogar en Tebas. Él ya no podía vivir junto a su esposa Megara, sin que se le recuerde su acto fatal. Por eso la desposó con su amigo y compañero Iolao. Pero él siguió trasladándose alrededor del mundo.

Heracles reunió a numerosos jóvenes y navegó con varios barcos hacia Troya, para castigar a Laomedonte, que lo había engañado con la recompensa prometida. En las costas de Troya dejó su pequeña tripulación con los barcos. Con los héroes restantes se internó hasta la fortaleza rodeada de muros. Ellos llegaron a hacer una abertura en la muralla. Telamón fue el primero que la escaló. Por eso a él le cayó el premio de la captura. Cuando Heracles vio esto fue azotado de golpe por la ira y desenvainó la espada contra su amigo. Telamón observó esto, agarró rápidamente una piedra y exclamó fuertemente:

-Yo le construiré a Heracles, el victorioso, un altar.

Mediante esto Heracles se apaciguó. Los héroes invadieron la ciudad combatiendo, y en la batalla cayeron Laomedonte y sus hijos. Hesione, a quien él había salvado una vez, fue tomada prisionera con muchas otras mujeres y niños. Heracles le permitió escoger un sirviente de entre la multitud de prisioneros. Ella eligió a su hermano más joven.

Éste, aún un muchacho, demasiado joven para la batalla, era el único hijo de Laomedonte que había quedado con vida. Conmovido por el amor entre hermanos, Heracles dijo:

-Es cierto que te he permitido, escoger a uno de entre el gentío, y tú lo has hecho y así será; pero el hijo de un rey no puede servir, compra pues su libertad.

Hesione se desabrochó su diadema dorada y el velo y se los entregó a Heracles como paga. El hermano obtuvo de allí en adelante el nombre de Príamo, que significa: "el Redimido". Más tarde se convirtió en rey de Troya, y contra él se alzaron lo helenos otra vez en una batalla que duró diez años.

En el regreso a casa se desató una poderosa tormenta. El barco que timoneaba Heracles se despedazó. Él se salvó junto con sus compañeros nadando hacia la cercana isla de Cos. Cuando llegaron a la isla se encontraron con guerreros. Heracles quiso blandir el garrote, pero sintió su brazo como paralizado, sin fuerza y debió escaparse de los enemigos y huir hacia una casa. Los anfitriones lo recibieron, lo vistieron con ropas de mujer y lo mantuvieron oculto. Todo esto fue un trabajo de Hera. Secretamente había llamado al dios del sueño. Éste se aproximó desde atrás al padre de los dioses, de manera que estuviera somnoliento, luego le goteó un jugo de amapola en los ojos, y Zeus cayó en pleno día en un profundo sueño. Por esa razón a Heracles le desapareció la fuerza. Así aguardaba ahora en el escondite, Hera hizo que el dios del sueño se retirara, despertó a Zeus y exclamó riendo burlonamente:

-¡Mira a tu hijo! ¡Me sirve en ropas de mujer!

Cuando Zeus vio esto, ardió en ira. Rudamente agarró a Hera, la ató de manos y pies, la colgó con cadenas doradas en el espacio aéreo y ató dos yunques en sus pies. El dios del sueño pudo deslizarse sin ser castigado hacia su madre, la noche. Pero a Heracles le devolvió oda su fuerza. Éste desgarró las ropas de mujer, agarró su piel de león y su garrote, se dirigió ardiendo de ira hacia donde estaban los guerreros y los obligó a huir. Después navegó en un barco hacia Grecia.

Hefestos, involucrado en las filas de Hera, se acercó al iracundo vituperador y buscó liberarla. Zeus se dio cuenta de esto. Entonces lo agarró y lo tiró desde el Olimpo a la Tierra, de manera que durante todo el día zumbó por el espacio aéreo.

—¡Y así saldrá todo el que se alce sobre mí!, -exclamó el rey de los dioses.

A esta discordia de los dioses la aprovecharon los Gigantes. Éstos eran gigantes nacidos de la Tierra, que provenían aún de la época de Urano. Un largo y espeso cabello ondeaba en su cabeza y barbilla; en lugar de brazo tenían alas como murciélagos y en vez de pies se apoyaban sobre colas de dragón con escamas. Estos Gigantes querían invadir la montaña de los dioses y destronar a los Celestiales, para hacerse ellos mismos soberanos del mundo. Con bloques de piedra y troncos en llamas se reunieron en un campo en Tesalia e intentaron de obtener de manera obstinada la ascensión al Olimpo.

En vista de este peligro cualquier desacuerdo entre los dioses se terminó. Zeus ordenó a Palas Atenea que libere a Hera y le suelte las cadenas. Todos los dioses se armaron para la batalla contra los agitadores del orden. Zeus lanzó rayos y truenos contra los atacantes, Apolo envió sus flechas, y Poseidón agitó su tridente, de manera que la Tierra tembló, el mar se crispó y se lleno de olas y la costa se inundó. Todos los elementos se habían desatado y se mezclaban enfurecidos en la batalla. Pero los Gigantes eran inmunes a las armas de los dioses y nada los dañaba. Sólo podían ser heridos mediante la mano de un hombre valiente, así decía la sentencia del destino. El más grande de los Gigantes se atrevió y exclamó burlonamente que Hera debía bajar, porque él se casaría con ella y la llevaría a casa como reina de la Tierra. Zeus lanzó un rayo contra el atrevido pretendiente, de manera que éste se derrumbó. Pero como él tocó la tierra, ésta le dio nueva fuerza y se levantó nuevamente. Entonces Zeus ordenó buscar a Heracles. Palas Atenea se apresuró a buscarlo, tomó al héroe de la mano y lo trasladó a la montaña de los dioses. Allí subió al carro de Zeus, Palas Atenea tomó las riendas, y Heracles disparó sus flechas envenenadas hacia los Gigantes.

Pero la Tierra estalló al ver a sus hijos derrumbarse. Rápidamente hizo brotar una hierba mágica, que protegería a los Gigantes de los disparos venenosos de Heracles. Zeus hizo que el sol se ocultara e impidió que brillaran la luna y las estrellas, de manera que nada pudiera crecer, ya que los Gigantes nacían durante la noche. En la forma de un águila se lanzó hacia la Tierra, podó la hierba y se la llevó al Olimpo. En una batalla atroz, los dioses obtuvieron la victoria gracias a la ayuda del infatigable Heracles. Cuando la batalla se sosegó y los elementos volvieron a ponerse en su sitio, Zeus hizo señas al sol, que surgió resplandeciente. Los cuerpos de los Gigantes se descompusieron y se hicieron uno con su madre, la Tierra. Entonces los dioses celebraron una fiesta por el triunfo. Heracles bailó en rondas con los Celestiales. Ellos le otorgaron la inmortalidad y lo aceptaron en el círculo de los Olímpicos.

Después de la lucha contra los Gigantes Heracles buscó a su viejo amigo Admeto. A este rey, su preferido, los dioses le habían prometido en su fiesta de boda con la bella Alcestes, que si Tánatos, la muerte, se le acercaba en el futuro con antorchas a buscarlo, su vida se alargaría, si otro hombre siguiera voluntariamente a la muerte.

La felicidad de ambos esposos duró poco tiempo. Pronto apareció Tánatos y le advirtió a Admeto, que se preparara para despedirse. No se encontró a nadie, que quisiera morir por él. Ni siquiera sus padres, de edad muy avanzada, quisieron renunciar por amor al hijo a los pocos días que les quedaban. Entonces Alcestes decidió ir al mundo subterráneo por él y darle la mano a la muerte. Y Admeto no fue capaz de retenerla más a pesar de sus pedidos y súplicas. Ella se preparó para el largo sueño, se adornó, se despidió de todos y murió.

Para esa época llegó Heracles a la casa de su amigo. Un sirviente le dijo que Admeto había salido. Heracles se dejó servir, se adornó como era costumbre, y comenzó a beber. Sin embargo, se sorprendió por los rostros afligidos de los sirvientes y le preguntó al mayor por qué nadie bebía con él. Entonces éste le dijo que Alcestes había muerto, que Admeto estaba de duelo encerrado en su recámara, y que las ofrendas a los muertos estaban siendo preparadas para el día siguiente. Heracles estaba apenado por haber ignorado sin saber el duelo de su amigo y por haber perturbado la quietud de la muerte. Entonces dijo:

-Que todavía no sean brindadas las ofrendas, no es demasiado tarde aún; yo iré y traeré de regreso a Alcestes.

Él se hizo conducir por un sirviente hacia el sepulcro. Allí en el centro yacía Alcestes tendida entre flores. A sus pies estaba sentado Tánatos, un jovencito de alas negras, que contemplaba a la bella criatura con mirada triste. No prestó atención al que entraba, porque se sabía invisible ante la mirada de los mortales. Pero Heracles lo vio y se dirigió hacia él, lo agarró y le exigió que devolviera a Alcestes. Como Tánatos se negó a liberarla, Heracles peleó con él y lo venció. Tánatos desapareció, e inmediatamente Alcestes abrió sus párpados, sus mejillas se enrojecieron, y se incorporó maravillada. Heracles la ayudó a ponerse de pie y la cubrió con velos. Después la condujo de regreso a la casa de Admeto. Allí le pidió a éste, mostrando a la mujer cubierta por los velos, que como su amigo fiel, reciba a esta mujer y la proteja hasta que él regrese. Entonces Admeto le dijo tristemente:

-Ay!, dásela a otro amigo; su figura se parece tanto a la de mi compañera que falleció, que su mirada sólo me renovaría el dolor y la amargura.

Entonces Heracles levantó los velos, y Admeto y su esposa, felizmente sorprendidos, cayeron uno en brazos del otro. Luego brindaron a los dioses abundantes ofrendas de agradecimiento. Cuando al tercer día Alcestes recuperó el habla, su dicha fue perfecta, y Heracles se despidió de su amigo.

A continuación reunió a un ejército y luchó contra Augias, que lo había engañado con la recompensa prometida, y éste finalmente se dio a la fuga. Allí donde un rey gobernara en forma injusta y violenta, allí se trasladaba él y lo combatía. Si el trono de un rey era arrebatado mediante el robo, él destronaba al ladrón y le devolvía la soberanía al legítimo rey. Allí por donde Heracles pasó, luchó también contra los monstruos en sus cavernas, que llevaban el horror y la destrucción a los hombres. En toda Grecia se erigía un orden benéfico que era una copia del orden y la soberanía del rey de los dioses. Para venerar a Zeus Heracles construyó una ciudad, la llamó Olimpia. En el amplio campo que se extendía junto a la ciudad plantó árboles y erigió doce altares para honrar a los dioses. También estableció competencias, que se llevarían a cabo por los más valientes hijos de los helenos desde allí en adelante en este campo en determinadas épocas, para gloria y alabanza del Crónida.

Alrededor de Heracles se reunieron para el primero de estos juegos muchos héroes deseosos de batalla. Iolao venció en la carrera de cuadriga, otros en la carrera, en el lanzamiento del disco o de la lanza; pero nadie quería medirse con Heracles en una pelea. Entonces salió un hombre desconocido de las filas y comenzó a pelear con él. Heracles se quedó sorprendido: nunca había encontrado un oponente semejante. Y tampoco podía dominar las mañas que empleaba. La lucha duraba ya varias horas. Heracles hizo su último esfuerzo y su contrincante cayó de rodillas. Como el borbotar del mar rugió el grito de alegría de la multitud. Pero ante Heracles se agitó por los aires una poderosa águila. Todos estaban admirados: el mismo Zeus había luchado con Heracles.

En la isla Eubea vivía Éurito, un maestro en el lanzamiento con arco. Él se jactaba de poder superar inclusive al mismo Apolo, su maestro; y a quien lo venciera le daría a su hija como recompensa. A este rey buscó Heracles y se lanzó con él a la competencia. El iracundo dios le nubló la vista al fanfarrón, cuando apuntó, para que sólo pudiera visualizar un blanco cercano y de esta manera fuera superado ampliamente por Heracles. Pero Éurito se negó a darle su hija al vencedor y se burló diciendo:

-¿Cómo puedo darle a mi hija como esposa a alguien que ha realizado tareas de esclavo? ¿Si ella da a luz a sus hijos, los asesinará en un ataque de ira?

-Heracles, agraviado en lo más profundo, controló su ira y se alejó en silencio; suponiendo que un dios había puesto al bromista estas palabras en su boca. Pero Ifito, el hijo de Éurito, apreciaba a Heracles y reprendió a su padre.

Poco tiempo después le fueron robadas a Éurito doce yeguas. Él sospechó que Heracles las había robado. Ifito, reforzando la inocencia de su amigo, replicó:

-Yo iré y buscaré a las yeguas.

-Como no las podía encontrar, se dirigió hacia el castillo de Tirino, situado bien a lo alto, donde se hospedaba Heracles, pues había sido rechazado por todos los hombres. Las palabras irónicas de Éurito lo habían dejado abatido. Melancólico cavilaba acerca de su agobiante destino. Entonces el joven Ifito se dirigió hacia él y le contó al héroe por qué había venido. Juntos subieron a la torre del castillo, para divisar a los animales. Cuando Heracles se encontraba sobre el muro con Ifito, Hera aprovechó en momento e depositó nuevamente la locura en el alma de Heracles. La gran víctima, fuera de sí, le dio a su ingenuo amigo un golpe, que lo precipitó del muro hacia abajo y le provocó la muerte. Cuando todo hubo pasado, Heracles volvió de nuevo en sí.

Lo que había hecho ahora lo afligió aún más que la muerte de sus hijos. El mismo Zeus le envió una enfermedad, que lo hizo yacer despojado de todas sus fuerzas. Cuando se hubo recuperado después de un largo tiempo, fue hacia Delfos.

Con el alma apesadumbrada y llena de rencor hacia los dioses, que le habían hecho cargar con semejante destino, ingresó al templo. Chillando, la sacerdotisa exclamó:

-¡Qué pena! ¡Qué demente el que entra a la habitación! ¡Apolo no se manifiesta ante él!

-¡Si Apolo niega su sabiduría al desgraciado, entonces no es el dios que anuncia sus destinos a los hombres!, -exclamó Apolo en su dolor, agarró el taburete sagrado de tres pies y salió lleno de furia del templo a fundar un nuevo sitio para el Oráculo. Delante del templo se encontró con Apolo.

-¿Por qué me persigues?, -le preguntó Heracles, y ambos hijos de Zeus lucharon entre sí. Entonces intervino allí el mismo Zeus, separó a los luchadores mediante un rayo y exclamó con su voz de trueno:

-Heracles, devuelve el taburete al lugar sagrado, y tú, Apolo, hazle saber de qué manera puede expiar la muerte de su amigo. -Y Heracles percibió a través de la boca de la sacerdotisa lo siguiente:

-Expiarás tu acto, si sirves como esclavo de una mujer durante tres años y pagas con ese dinero a Éurito como expiación de tu culpa de sangre.

Hermes tuvo el encargo por parte de los dioses de vender a Heracles. Vestido como un comerciante, condujo al héroe hacia Lidia, donde gobernaba la reina Ónfale. Ella pagó por él el precio exigido: tres palas de oro. Ónfale se enamoró del esclavo de piel de león y demandó ser su esposa.

-Cualquier tarea se me puede ordenar, pero no la tarea del amor, -dijo Heracles.

Ónfale meditó acerca de cómo hacerle romper con su voluntad. Todos los días preparó banquetes, trayendo vino y comida en abundancia e invitó a Heracles a ellos. Él hizo esto calladamente día tras días. En el pueblo se decía: "Heracles ya no es más Heracles; se ha convertido en un glotón y un tragón." Cuando ya había transcurrido un año entero, Ónfale creyó que Heracles se había transformado en un debilucho, y le exigió de nuevo que fuera su esposo. Heracles se rehusó.

Entonces Ónfale se puso iracunda y pensó: "Ahora yo destruiré su orgullo y lo degradaré." Y lo echó al campo, donde para la burla de la gente debió arar los sembrados y cuidar a los cerdos; pero trabajó tan duramente, que la gente se quedó maravillada: él solo segó un gran campo de trigo y ató el cereal en gavillas en un solo día. Cuando había pasado de nuevo un año, Ónfale hizo llamar a Heracles. Ella creyó que habría cambiado de opinión y volvió a exigirle que fuera su marido. Y Heracles la rechazó de nuevo.

Entonces Ónfale se rió fuertemente y exclamó mofándose:

-Si tú no quieres ser mi marido, pues lo seré yo, pero tú lleva ropas de mujer, -y lo adornó con velos y le colgó collares dorados. Pero ella se puso la piel de león y esgrimió el garrote. Cuando ella llegaba a casa, Heracles debía sentarse a sus pies y ponerse a bordar con sus dedos acostumbrados a la batalla. Un año entero pasó y finalmente Ónfale se había cansado de blandir el garrote. Heracles la había derrotado. Entonces ella se acercó a él y le pidió:

-¿Quieres convertirte en mi rey?

Heracles sabía que ya había pasado el tiempo y su acto estaba expiado. Por su voluntad se convirtió ahora en rey, se quedó algún tiempo con ella y afirmó su dominio. Luego, impulsado por el destino, se despidió de Ónfale. Al despedirse, le dijo:

-Nombra al hijo que nos nacerá, Alceo, como me he llamado yo, y cuéntale, que su padre estuvo ante el mundo sin temor y fue señor sobre sí mismo.

Cuando Heracles regresó a Grecia, oyó cómo Deyanira, la hermosa hija del rey Oineus era cortejada de manera insoportable por Aqueloo, el rey del río. Ella le temía, y el padre no osó rechazar al pretendiente, porque como vecino le podría otorgar bendiciones o maldiciones. Cuando Heracles escuchó el nombre de Deyanira, le surgió en la memoria, que Meleagro en el mundo subterráneo le había rogado recibir a su hermana Deyanira. Fue a ver al rey Oineo y le pidió la mano de su hija. El rey no se animó a decidirse por ninguno de los pretendientes y determinó, que Heracles y Aqueloo debían pelear por la novia. El dios del río apareció primero con una figura humana ante Heracles y luego combatió en forma de toro. A continuación se transformó en una serpiente. Heracles rió:

-Con serpientes ya he combatido en el escudo que me acunaba.

Entonces Aqueloo en broma cambió continuamente su forma. Una vez se le apareció en forma humana con una cabeza de toro y un cuerno dorado en la frente. El agua fluía en abundancia de su barba. De esta manera amaba acercarse a Deyanira. En la pelea Heracles le rompió el cuerno dorado, el asiento de su inagotable fuerza acuática. Aqueloo se dio por vencido. Heracles le devolvió el cuerno y obtuvo por esto una valiosa cornucopia llena de flores y frutas. Luego Aqueloo se volvió a su elemento. Pero Heracles celebró con Deyanira la fiesta de boda.

En un banquete, que organizó una vez el rey Oineo, le sucedió una desgracia a uno de los muchachos que servían allí. Él vertió agua, que estaba destinada al lavado de los pies, sobre las manos de Heracles. Éste le dio una bofetada al muchacho y bromeó:

-Tu cabeza debe aprender a distinguir lo que son las manos y los que son los pies.

Para estupor de todos, el muchacho cayó muerto sobre la Tierra. El padre del muchacho perdonó a Heracles. Pero éste se puso de pie y se condenó voluntariamente al exilio. Deyanira lo siguió con Hilos, su hijito. En su camino llegaron a un ancho río. Allí vivía el Centauro Neso, que se hacía llamar el conductor de los muertos, porque llevaba a los caminantes hacia la otra orilla. Heracles dijo riendo:

-Aún no es el tiempo para mí, -tomó a su hijo y a las armas y vadeó por el río.

Deyanira se hizo trasladar por Neso. Al Centauro le gustó la mujer y quiso raptar. Ella gritó fuertemente pidiendo ayuda. Heracles regresó por ella, tomó rápido el arco y disparó una flecha envenenada hacia Neso que se escapaba. Éste se precipitó. Moribundo le alcanzó a Deyanira de su sangre, que estaba mezclada con veneno, y le aconsejó conservarla cuidadosamente fuera de la luz. Si las fuerzas de Heracles se debilitaban alguna vez, ella debía esparcir la sangre sobre la ropa; la sangre daría nueva vida a sus fuerzas. Deyanira guardó la sangre con cuidado en una vasija y la ocultó de Heracles.

Durante muchos años vivieron felices en un castillo en Traquis. Pero Heracles no permaneció tranquilo inactivo en su casa, sino que se trasladó por doquier y ejecutó hazañas. Una vez se trasladó con un ejército para castigar al rey Eurito por su broma de haber ofrecido una vez a su hija Yole en una competencia de tiro con arco. Cuando Heracles apuntó contra el rey, su mano tembló; él sintió desvanecer su fuerza. Reconoció esto como una señal de la proximidad de su muerte. A pesar de esto venció a Eurito en la batalla, tomó como prisionera a Yole y a varios habitantes del castillo y los llevó a su casa en Traquis. Cuando Deyanira lo vio se asustó: su rostro estaba hundido y sus ojos habían perdido el brillo. El presentimiento de la muerte nublaba su alma. Deyanira se acordó de la sangre que le había dado Neso. Mientras

Heracles subía al monte Cenaión, para agradecer a Zeus por la victoria, ella se encerró en una habitación. Buscó un traje entretejido en oro, que ella le había tejido como regalo de fiesta y le esparció el líquido. Luego lo colocó en una caja y mandó a un mensajero para que se lo entregue a Heracles como atuendo de ofrenda.

Un tiempo después Deyanira entró en la recámara y encontró los pedazos de algodón con los cuales había esparcido el traje, echando espuma en el piso. Un terror la traspasó y, temiendo lo peor, envió a Hilo en busca de su padre. Pronto regreso el hijo y exclamó:

—¡Ojalá no hubieras nacido, ojalá no fueras la esposa de Heracles ni mi madre! —Y él relató lo que había visto y oído:

—Heracles había agarrado alegremente el atuendo de fiesta, se lo puso y se dirigió hacia el altar. Pero cuando las llamas se elevaron, el traje empezó a arder hacia adentro. Heracles se lo quiso quitar del cuerpo, pero se le había adherido. Le ardía como fuego, y él gruñía y se retorcía de dolor en el piso, hasta que su alma se hundió en el desmayo. Los sirvientes lo trajeron hasta aquí en una camilla.

Apenas hubo terminado, llegaron a verlo. Heracles se despertó y un nuevo dolor atravesó su cuerpo. Cuando Deyanira le contó sollozando lo que había hecho, él recordó, que Zeus en la lucha contra los Gigantes le había anunciado que perdería su vida por medio de un muerto y dijo:

—Ahora Neso me lleva a la otra orilla.

Comprometió en matrimonio a Hilo con Yole, a quien él alguna vez había amado, y le aconsejó ir hacia Micenas a combatir a Euristeo y erigir allí su reino.

Acto seguido ordenó a los sirvientes que lo lleven al monte Eta. Hilo y su amigo Filoctetes lo acompañaron. Arriba del monte hizo erigir Heracles un altar.

-La piel me arde -dijo-, es una señal de que las llamas me convocan.

Con sus últimas fuerzas se incorporó y se encaminó hacia el altar, parándose sobre la pira de madera como sacerdote y ofrenda al mismo tiempo, y le ordenó a su hijo que la encienda. Hilo no quiso llevar a cabo esto; y Filoctetes, el amigo de Heracles, ejecutó el favor y arrojó la antorcha encendida a la pira. Heracles lo recompensó por esto con sus flechas.

Alta se alzó la llama en el cielo, y de la poderosa columna espiralada de humo se elevó un águila y ascendió lentamente en círculos hacia el cielo. Al desaparecer en el éter, la llama bajó y se extinguió. Hilo y Filoctetes descendieron del monte en silencio e hicieron las ofrendas a los dioses.

Heracles fue recibido por el mismo Zeus y aceptado entre los dioses. El odio y el resentimiento de Hera desaparecieron, cuando él hubo terminado con su vida terrenal, y ella lo desposó con Hebe, la diosa de la eterna juventud.

13
TESEO

El rey Egeo de Atenas ya se había puesto canoso y ninguna de sus esposas le había otorgado un hijo. Tenía miedo de tener una vejez triste. Por eso se dirigió a Delfos, para indagar a través del Oráculo de los dioses, si podía esperar tener aún un hijo. La sacerdotisa le dio una oscura sentencia, cuyo sentido no era capaz de resolver; por eso se encaminó hacia donde estaba Piteo, el amable rey de Trecén, que era famoso por su sabiduría. Piteo pudo dilucidar el sentido de la sentencia. Para cumplir con el Oráculo, emborrachó a Egeo y lo desposó en secreto y sin que el pueblo lo supiera, con su propia hija Etra.

A la mañana siguiente Egeo abandonó Trecén, pues temía que los parientes le arrebataran la soberanía en Atenas. Antes de despedirse de Etra colocó unas sandalias y su espada bajo un pesado bloque de piedra y le dijo:

-Cría al hijo que nos nacerá, sin hacerle saber que soy su padre. Condúcelo cuando sea mayor a estas rocas, y si es capaz de levantarlas, que tome las sandalias y la espada y me las lleve a Atenas. Por esta señal reconoceré a nuestro hijo. A él le está vaticinado un destino de héroe." Luego el rey se dirigió hacia su hogar en Atenas.

Pronto apareció Medea, la esposa de Jasón, rogando por protección ante las puertas de la ciudad. Egeo la recibió y se casó con ella. De este matrimonio nació un hijo llamado Medos.

Etra, por su parte, fue madre de un niño al que llamó Teseo. Piteo alimentó la creencia entre el pueblo de que Poseidón, el soberano del mar, sería el padre del niño. Cuando superó la edad de estar bajo la cuidadosa custodia de las mujeres, él mismo tomó la crianza de su nieto. Afianzó las fuerzas del alegre muchacho en las carreras, en el combate o en el boxeo, como también en el lanzamiento de lanza y de arco. El muchacho escogió como modelo ante todo a Heracles, a quien quería emular de manera inocente, y cuyas hazañas, que le contaba su abuelo, nunca se cansaba de escuchar.

Cuando Teseo tenía siete años, Heracles llegó a Trecén y fue huésped de Piteo. En el banquete colocó su piel de león, para horror de los ajetreados sirvientes, junto a él. Cuando Teseo entró saltando en la sala donde estaban los hombres, advirtió al león yaciendo allí. Velozmente agarró una espada y quiso matarlo. Pero Heracles lo previno y se rió de que le golpeara el diafragma al león.

Cuando creció hasta convertirse en un jovencito, Teseo debió, según la costumbre, colocar sus rizos de niño sobre el altar de Apolo. Pero le dio lástima hacer esto y entonces cortó solamente los rizos de su frente y a los demás los conservó en su cabeza. Cuando ya había superado la edad de criarse con su abuelo, la madre y el mismo abuelo lo condujeron hacia el bloque de piedra bajo el cual Egeo había ocultado alguna vez las sandalias y la espada. Teseo movió la piedra sin esfuerzo y tomó su herencia; la madre le dijo quién era su padre y lo envió hacia Atenas.

El abuelo le aconsejó al jovencito evitar el peligroso camino por tierra y viajar de forma más segura hacia Atenas en un barco mercante. Pero Teseo escogió el camino por tierra y dijo en su ardor juvenil:

-Como Heracles está lejos y los monstruos surgen por doquier y asedian a los hombres, entonces yo iré contra ellos; y no será por las sandalias y por la espada sino por mis actos que mi padre reconocerá que soy su hijo

Con estas palabras se despidió de su madre y de su abuelo y partió de allí con atrevido valor.

En un lúgubre bosque se encontró a Perifetes blandiendo un garrote. Deforme como su padre Hefestos, era encorvado y tenía piernas debiluchas; pero esgrimía con una fuerza de gigante un garrote de bronce que le había forjado su padre, y golpeaba con éste a todos los que encontraba en el camino. Teseo se trenzó en la lucha. Al principio esquivó astutamente los furiosos golpes. Pero en un momento inesperado le asestó a su contrincante semejante golpe de espada, que a éste se le cayó el garrote. Ágilmente Teseo lo agarró y venció al esgrimidor con su propia arma.

Después se puso al hombro el pesado garrote y siguió caminando tranquilamente. Llegó a un estrecho boscoso donde vivía Sinis, el que doblaba los abetos. Si un caminante llegaba, Sinis tomaba un gran abeto y lo doblaba, hasta que su copa tocaba la Tierra; luego le pedía al incrédulo caminante que le sostuviera el abeto. Si lo sostenía firmemente, Sinis lo soltaba de repente, y para la risa del gigante, el caminante era lanzado a las alturas como una piña y se fracturaba al caer brazos y piernas. Teseo sospechó la astucia del gigante y le dijo que él podía doblar dos abetos de una sola vez. Él dobló un árbol tras otro y le dijo al tonto gigante que ahora quería probar sus fuerzas y que le sostuviera las dos copas de los árboles. Teseo soltó rápidamente los árboles y el monstruo salió despedido por los aires y se desgarró en dos pedazos.

Teseo llegó después a una región habitada. Allí la gente se quejaba por su desgracia: un jabalí traído por una arcaica Ninfa del bosque, bufaba de cólera por la región, destrozaba los campos y se llevaba arrastrando muchas ofrendas hacia el bosque. Teseo decidió ir tras él. Enceguecido de furia y gruñendo terriblemente el jabalí corrió tras él. Teseo fue a su encuentro valientemente y mató al alborotador con un golpe de garrote. El camino lo condujo después por una alta e inhóspita montaña, que en bruscos y escarpados riscos se precipitaba hacia el mar. En un estrecho camino rocoso acechaba Esquirón a los caminantes y demandaba de cada uno de los que quisieran pasar por allí, que le lavara los pies. Cuando éstos así lo hacían, Esquirón les daba abruptamente un empujón, de manera que éstos caían por sobre las rocas y se precipitaban hacia el mar. Allí se los devoraba una gran tortuga marina. También a Teseo le mandó a que le lavara los pies, pero cuando Esquirón quiso darle un empujón, Teseo se le adelantó, agarró al sorprendido con poderosos brazos y lo arrojó a las profundidades.

En las cercanías de Eleusis se le puso en el camino el temible Cerión y le exigió que peleara con él. Teseo contrapuso su inteligencia a las burdas fuerzas del gigante y derrotó a la torpe criatura con certeros manotazos.

Finalmente llegó al camino sagrado que conducía de Eleusis hacia Atenas. En las proximidades de esta vía vivía Procusto, el Avasallador, como se lo llamaba, hermano del gigante que doblaba abetos. Para pesar de los atenienses, éste había arrastrado a varios caminantes a su caverna y los había colocado en un lecho esculpido en roca. Si los caminantes eran más largos que la cama, él les cortaba los miembros; y si eran demasiado cortos de estatura, los jalaba y estiraba ayudándose con su poderoso martillo de hierro, hasta que cupieran en la cama. También a Teseo lo atrapó y lo llevó arrastrando hacia el lecho. Pero cuando Procusto levantó el martillo para ajustar a Teseo al largo de la cama, éste se levantó rápido como un rayo y le arrebató el martillo de las manos. Zumbando cayó el martillo pero ahora sobre Procusto, de manera que su vista y su oído desaparecieron para siempre.

Antes de que Teseo entrara a la ciudad de Atenas, se hizo purificar por unos hombres sabios de la sangre de los monstruos. Después ingresó a la ciudad y llegó a la construcción de un templo. Los constructores, que estaban terminando el techo del templo, vieron al jovencito de cabello enrulado, y creyendo que era una muchacha, le preguntaron qué hacía sola por allí. Entonces Teseo se puso furioso. Desenganchó los bueyes de tiro de un carro, que estaba destinado a llevar piedras, tomó al carro y lo tiró alto en el cielo hasta el techo del templo. Los bromistas empalidecieron y se pusieron contentos, cuando finalmente el caminante se fue y los dejó tranquilos.

La proximidad del heroico jovencito ya se difundía rápidamente por Atenas. También Egeo escuchó la noticia, pero no sospechó que el forastero fuera su hijo. Medea sin embargo, lo sabía por la magia de sus fuerzas adivinatorias. Ella temía que la herencia del reino no cayera en su hijo Medos, sino en Teseo, que había nacido primero. Para evitar esto, le dijo al rey:

—El extranjero te derrocará del trono; por eso te aconsejo que lo envenenes, si tu vida y tu reino te son amados.

El rey, que se había puesto temeroso por la edad, creyó en sus palabras y se esforzó en seguir su consejo. Cuando el jovencito apareció en el castillo, saludó al rey, pero calló su nombre. Él fue invitado a la mesa, pues durante el banquete Egeo le daría el vaso con el veneno. Según la costumbre, el huésped debía cortar el venado. Para ejecutar esto Teseo tomó la espada y cortó la carne. Entonces el rey vio la espada, la reconoció y reconoció a su hijo. Entonces tiró el vaso con el veneno sobre el mantel, de manera que el lino se enrojeció. Saltó de alegría y llorando se abrazó a su hijo. Al estrecharlo contra su pecho, se estremeció súbitamente de horror, por haber querido envenenar al joven. Crueles ideas de venganza se le aparecieron entonces, cuando pensó en la creadora de este plan. Hizo llamar a Medea, pero ésta, al ver el resultado de su plan, había huído con su hijito de la ciudad y del reino.

El rey presentó entonces a su hijo ante el pueblo allí reunido y la multitud lo saludó como sucesor del trono. Cuando la llegada de Teseo se hizo conocida, un antiguo enemigo del rey se volvió a indignar: era su hermano Palas, con los cincuenta hijos, que siempre forcejeó por el trono del reino. Ahora se alzó para aniquilar en una batalla al heredero del trono. A veinticinco de sus hijos los tenía escondidos en una emboscada, y con los otros quería incitar a la batalla a Teseo. Un sirviente fiel le reveló a Teseo las posiciones del enemigo. Por su parte, aventajó a Palas atacando y liquidando primero y de manera sorpresiva a los que acechaban en la emboscada. Cuando Palas oyó de su derrota, se lanzó con los demás a la fuga.

Después Teseo liberó a los hombres de la plaga del toro de Creta. Heracles lo había atrapado y se lo había llevado a Euristeo. Pero luego tuvo miedo y lo soltó, y desde entonces el toro vagaba por los campos de Maratón, un horror para los hombres y el ganado. Teseo se trasladó hacia allí y lo venció, así como lo había hecho Heracles, y lo arrastró atado hacia Atenas. Su padre sacrificó entonces el toro en el castillo como ofrenda al dios Apolo.

Justo para esa época se repetía por tercera vez, que un barco cretense tenía que desembarcar en Atenas. Cuando fue divisado en el mar, toda la ciudad estalló en lamentos y quejas. Teseo se quedó extrañado y preguntó por la causa de las quejas. Entonces se le contó:

-Hace muchos años vino el hijo del rey Minos de Creta a Atenas a nuestros Juegos Olímpicos y fue vencedor por encima de todos. Eso enfureció a tu padre, pues él no quería que los cretenses resintieran esta fama. Entonces le dijo al vencedor: `Podrías tener una gloria aún mayor si liberaras a Grecia del terrible toro, que, hasta ahora, sólo ha dominado Heracles.´ Con mucho coraje se trasladó el jovencito hacia allí, pero nunca más regresó. Algún tiempo después desembarcó Minos, uno de los hijos de Zeus, a nuestro puerto con todos sus barcos, para vengar por toda la ciudad la muerte del muchacho. Grandes fueron la necesidad y el espanto ante el bloqueo de la ciudad; y más grande aún el horror cuando Zeus mandó una plaga y los dioses no aceptaron más nuestras ofrendas. Cuando la ciudad ya había padecido durante mucho tiempo, recibimos la instrucción de Apolo, de que, para obtener la paz, debíamos aceptar todas las ofrendas expiatorias, que Minos exigiera. Y Minos, cruel en su venganza, exigió de nosotros cada nueve años siete muchachos y siete muchachas como tributo. Éste se lo arrojaba al Minotauro, un monstruo similar al hombre pero con cabeza de toro, para que los devore. Él vive en el laberinto, en el cual hay tantos pasillos y espacios entrelazados, que ningún hombre que haya entrado se ha orientado y ha hallado la salida. Ahora el rey llega con su barco y los desdichados niños son escogidos por la suerte.

El triste destino de los jóvenes y el lamento de la ciudad conmovieron a Teseo. Le dijo a su padre:

-Iré voluntariamente, quiero liberar a la ciudad de esta desdicha y esta fatalidad.

El anciano rey abrazó llorando a su hijo y buscó retenerlo, pero Teseo se liberó suavemente de sus brazos y se preparó para el viaje. Según el consejo del Oráculo brindó una ofrenda especial a Afrodita, la diosa del amor. Envuelto en una túnica blanca y adornado con ramas de olivo, subió al barco con los jovencitos. Cuando se levaron las anclas y las velas negras se izaron, Teseo exclamó:

-No llores padre; pronto, así lo esperamos, estaremos de nuevo aquí. Una vela blanca te anunciará desde la lejanía, que tu hijo regresa sano y salvo.

En el viaje hacia Creta al rey Minos le gustó una de las muchachas y la quiso abrazar; ella gritó pidiendo auxilio y Teseo se apresuró a protegerla. Y a Minos le dijo:

-Verdaderamente, se te llama hijo de Zeus, pero tu accionar me despierta dudas acerca de si Zeus es tu padre.

El agraviado rey le pidió a Zeus una señal. Un rayo del límpido cielo se precipitó en el agua junto al barco y atestiguó ante todos su divina procedencia. Entonces Minos arrojó al mar un anillo de sello y dijo burlonamente:

-A ti te sostiene Poseidón, si no es, como se dice, tu padre; pues adelante, sumérgete en su reino; él te ha acunado amablemente, seguramente te devolverá el anillo.

Teseo se sumergió intrépidamente en la corriente. Tritón, el divino, lo recibió y lo condujo al palacio verde resplandeciente del dios del mar, donde fue recibido de manera afectuosa por Poseidón y su esposa. Como regalo de huésped se le dio una túnica de fiesta de color púrpura y una radiante corona de rosas de piedras preciosas, que Hefestos había forjado artísticamente. Las Nereidas danzantes le entregaron el anillo del rey, con el cual Tritón lo condujo nuevamente hacia la luz. Teseo emergió sano y salvo de las aguas, subió al barco y le devolvió a Minos el anillo. De esta manera el rey reconoció que Teseo también era uno de los preferidos de los dioses.

Después desembarcaron en Creta. Ariadna, la hija del rey, fue al encuentro de su padre. Con admiración observó al apuesto héroe, y su corazón se llenó de amor hacia él. Afrodita sabía cómo hacer para que ambos se encuentren en un lugar secreto. Ariadna le manifestó a Teseo su amor, y él le prometió llevarla a su casa como esposa, si conseguía matar al Minotauro. Como ella estaba preocupada por su vida, le entregó un ovillo con un hilo que era irrompible. Ella le aconsejó atar el extremo del hilo a la entrada y desovillarlo despacio a medida que caminaba por los entreverados corredores. Con este hilo encontraría el camino de regreso del laberinto de manera segura.

A la mañana siguiente Teseo fue enviado con las ofrendas a la región desierta y rocosa donde se hallaba la maravillosa construcción del laberinto. Teseo hizo como Ariadna le había aconsejado. Internándose hacia el interior, fue desovillando cuidadosamente el hilo, mientras los niños lo seguían tímidamente. La corona de rosas que el héroe llevaba en la cabeza brillaba con un claro resplandor y vencía la oscuridad del espacio. Cuando ya habían penetrado profundamente en los confusos y entrelazados pasillos, escucharon desde todas partes el gruñido del Minotauro que tronaba y reverberaba, entonces se estremecieron. El monstruo de cabeza de toro se detuvo resoplando. Sin temor, Teseo se preparó para la batalla. Por mucho tiempo estuvieron peleando. Con todas las artimañas de la pelea Teseo venció finalmente al monstruo. Los niños se amontonaron agradecidos alrededor de su salvador. Cautelosa-mente Teseo volvió a enrollar el hilo, y mediante éste fueron conducidos todos de manera segura hacia la salida. Todo ese tiempo Ariadna había estado a la espera temerosa en la entrada, y se llenó se alegría, cuando Teseo salió con los niños sanos y salvos a la luz del sol. Adornados con coronas se presentaron ante el rey. Éste reconoció que la culpa de sangre había sido expiada y autorizó a Teseo a que condujera a su hija a su casa y la hiciera su esposa.

Alborozados subieron al barco y navegaron en dirección a casa. Primero desembarcaron en la isla de Delos, que estaba consagrada a Apolo. Allí brindó Teseo la primera ofrenda de agradecimiento. Los niños bailaron, encabezados por Teseo, una ronda en la que saltaban como grullas, imitando los entrelazados serpenteos del laberinto. Esta ronda fue bailada más tarde en una fiesta recordatoria, que estableció el héroe en memoria de este viaje. Al seguir su camino, se desató una poderosa tormenta. Teseo desembarcó en la isla de Naxos y aguardó hasta que la tormenta se hubo sosegado. Entonces irrumpió la noche y el mar aún se agitaba. Todos se echaron a dormir. En sueños se le apareció a Teseo el dios Dionisios y le dijo:

-Levántate al alba y vete sin hacer ruido; pero deja a Ariadna, si no quieres despertar mi ira, pues me está designada por el destino a mí como esposa, no a ti.

Con el corazón apesadumbrado se despertó Teseo, llamó a los niños y se dirigió al barco con ellos. Apenas era capaz de separarse de Ariadna, que dormía tranquilamente. Pero la voz del dios, que había percibido, y el temor ante su ira lo impulsaron lejos de allí. De esta manera se encaminó llorando hacia el barco y navegó en dirección a su casa, presionado por el pesar de haber abandonado a su amada.

Ariadna se despertó recién cuando el sol se hallaba alto en el cielo. Cuando se vio completamente sola y abandonada, rompió a llorar y a lamentarse por la infidelidad del amado. Pero entonces oyó el alegre sonido de las flautas y los timbales. Dionisios, coronado con vides doradas, se acercaba con su cortejo de Sátiros descalzos y ruidosos Faunos en todo su esplendor. Se dirigió hacia Ariadna, la consoló y le explicó cómo, según la voluntad de los dioses, el destino había unido sus vidas. Después la abrazó amorosamente. Con suavidad le sacó la corona de rosas, que había recibido de Teseo como regalo de novia, y la arrojó a la bóveda del cielo, donde brilla desde entonces como constelación. Luego colocó en su cabeza una nueva y bella corona y la hizo su esposa. Los dioses le confirieron entonces la inmortalidad. Pero Teseo con su congoja por la pérdida de Ariadna, se olvidó de izar una vela blanca como le había prometido a su padre. Éste fue día tras día hacia un peñasco en una colina, donde esperaba y miraba hacia el mar.

Entonces sus viejos ojos visualizaron un barco. Pero, ¿acaso tenía velas negras? No se quería fiar de sus ojos, pero era así. Lamentándose por el hijo perdido, gritó de dolor y se precipitó hacia el mar. Desde entonces ese mar se llama Mar Egeo.

Cuando el barco ingresó en el puerto de Atenas, Teseo se asombró al ser recibido por los ciudadanos con una alegría amortiguada. Pronto advirtió lo que había sucedido, y ahora se lamentó no sólo por la pérdida de su amada sino por la muerte de su padre. Según la costumbre ejecutó la ofrenda a los muertos; y luego se les brindaron a los dioses ofrendas de agradecimiento para la liberación de la ciudad.

El barco que los había llevado hacia Atenas, fue conservado en forma sagrada y reparado cuando sufría daños, de tal manera que las vigas y las tablas fueran renovadas continuamente en el transcurso del tiempo. Todos los años los atenienses organizaban con éste un viaje recordatorio hacia Delos y le brindaban ofrendas de agradecimiento a Apolo.

Teseo se convirtió entonces en rey de Atenas. Él unió a Ática y fundó la fiesta de los Panateneos, le dio sabias leyes a la ciudad y gobernó según la voluntad de los dioses. Pero su entrega no lo dejó descansar. Entonces siguió a Heracles en el periplo contra las Amazonas. Como premio de batalla obtuvo a la reina Hipólita, a quien llevó a su casa como su esposa. Ella le otorgó un hijo que fue llamado Hipólito. Cuando éste se encontraba en su juventud, se burló de los juegos y de la compañía de las muchachas y se fue a cazar por los bosques, como uno de los preferidos de Artemisa, la cazadora divina.

Una vez, en medio del invierno, las Amazonas penetraron con sus caballos en Ática y atacaron vengativas la ciudad de Atenas. Los ciudadanos debieron dirigirse al castillo debido al sorpresivo ataque. Después de una dura batalla Teseo venció junto con los atenienses a las Amazonas, y la multitud de jinetas salvajes huyó a su patria. Pero sobre el campo de batalla yació muerta su reina anterior. Ella había luchado del lado de su esposo. Toda la ciudad se apenó por su muerte.

Después de un año de luto, Teseo viajó hacia Creta y se casó con Fedra, la hermana de Ariadna. Ella lo siguió como su esposa hacia Atenas.

Una vez llegó Pirítoo, el joven rey de los Lapitas, de la boscosa Tesalia para ver a Teseo. Pirítoo lo persuadió para que tomara parte en la empresa de raptar una bella mujer para Pirítoo. Su elección cayó en Helena, la hija de Zeus y de Leda. La joven muchacha había sido criada en casa del rey de Esparta junto con sus compañeras de juego y era famosa por su belleza. Ambos sorprendieron a la bella Helena cuando estaba despreocupada y desprevenida bailando una ronda con sus amigas. Atraparon a la muchacha y la secuestraron en un castillo seguro de Teseo; ya que por suerte la bella estuvo de acuerdo. Pero Teseo había dado su palabra de buscar una esposa para su amigo. En su capricho, éste deseaba ingresar en el mundo subterráneo y llevarse a su casa a Perséfone como esposa. Previamente Teseo llevó a su hijo Hipólito a Trecén a donde estaba su abuelo, pues temía el odio de la madre adoptiva; y luego ambos se dirigieron temerariamente hacia el mundo subterráneo. Hades les envió a los intrusos a las Erinias, quienes los sentaron sobre una piedra mágica, de la cual no pudieron escapar más. Así permanecieron ambos en las proximidades de la entrada balanceándose entre la vida y la muerte. Cuando Heracles entró en el mundo subterráneo para buscar el perro infernal, se los encontró a los dos. Cuando Teseo lo tocó a Heracles, se liberó. Pero en el caso de Pirítoo la Tierra se estremeció y no lo soltó, y de esta manera permaneció el pecador aferrado a las rocas por toda la eternidad.

Cuando Teseo regresó del mundo subterráneo, se dirigió primeramente hacia Trecén. Allí se enteró de que su esposa había muerto. La nodriza le contó, que en su ausencia, Hipólito se había acercado amorosamente a su esposa y a ella no le había quedado otra salida que la muerte. Entonces Teseo maldijo a su propio hijo y le pidió a Poseidón que le cumpliera el deseo que le había prometido una vez: que Hipólito no llegara al final del día.

Ingenuamente regresó Hipólito a casa, se apresuró alegremente a ir al encuentro de su padre y lo quiso saludar. Teseo lo echó de la casa, regañándolo con palabras amargas y lo desterró de su reino. El agraviado huyó con su pareja de corceles. Cuando atravesó la orilla, el cielo tronó de tal forma que la Tierra se estremeció. El mar adquirió una agitación salvaje, y de las olas coronadas de espuma emergió un poderoso toro. Los corceles se asustaron, se rebelaron y corrieron de allí desbocados. El jinete no fue capaz de tomar de las riendas a los frenéticos corceles. El carro se partió contra una roca e Hipólito fue arrastrado hacia la muerte.

Allí se apareció Artemisa, la protectora de Hipólito, a Teseo, que tenía pensamientos sombríos y le dijo lamentándose:

-¡Qué pena! Ya no te puedes contar entre los justos. Tu ira te ha conducido a la maldición. No has intervenido y administrado las cosas sabiamente, como corresponde a un rey; entonces has de saberlo: tu hijo era inocente. Afrodita, por celos hacia mi protegido, encendió un amor sacrílego hacia él en el corazón de tu esposa, y por vergüenza, ella misma se quitó la vida.

-¡Pobre de mí!, -exclamó Teseo cuando la diosa se despidió de él-, estoy perdido; toda la belleza de la vida quedó atrás.

Agobiado por el pesar y la angustia, abandonó la ciudad y se fue hacia Atenas. Pero allí se había colocado Menesteo en el trono del rey. Con la ayuda de los hermanos de la raptada Helena consiguió el poder y se alzó contra el legítimo rey que regresaba a casa. Teseo debió abandonar Atenas. Apátrida y olvidado por los hombres, murió en la miseria. Durante mucho tiempo su final y su tumba se desconocieron.

Muchos cientos de años después los descendientes de Medos desembarcaron en Grecia y quisieron tomar como esclavos a los griegos. En la batalla contra los persas, muchos atenienses vieron cómo Teseo aparecía en las filas como una figura luminosa y con un coraje de león enfrentaba al enemigo, de manera que los persas huían a los barcos y eran asesinados por los atenienses. Después de un combate victorioso, los atenienses enviaron una comitiva a Delfos, para consultar, según la costumbre, al Oráculo, acerca de dónde estaba la tumba de Teseo, para llevar sus restos a la ciudad. La sacerdotisa les nombró a la isla Esciros. Los atenienses se trasladaron hacia allí y la conquistaron. Cuando el líder del grupo se detuvo a meditar en el cementerio, un águila apareció en el aire, se colocó sobre una tumba y empezó a picar con el pico y las garras la tierra. En ese lugar cavaron y encontraron los restos de Teseo y sus armas. Solemnemente los llevaron a Atenas, los enterraron en su tierra natal y le erigieron a Teseo en medio de la ciudad un templo consagratorio.

14
DÉDALO E ÍCARO

Para la época en la que el rey Egeo gobernaba Atenas, vivió Dédalo, un célebre constructor y escultor de la estirpe de Erecteo.

Como él relató, la misma diosa Palas Atenea lo había instruido en el arte. Era un maestro muy talentoso. Todo lo que emprendía le resultaba extraordinario. Construyó muchos templos hermosos por todos lados y dio forma a magníficas imágenes de los dioses. Se decía de ellas, que si vivieran, podrían caminar y ver. Mientras que los maestros anteriores a él configuraban a las estatuas como si estuvieran dormidas, con los párpados hundidos, los pies apretados y los brazos ceñidos, Dédalo formaba a sus imágenes de manera que parecían caminar, mover los brazos libres del cuerpo y contemplar el mundo con los ojos abiertos.

Talo, el hijo de su hermana, ingresó como aprendiz con él. Cuando el joven hubo madurado, asombró a todos mediante lo que sus manos eran capaces de hacer y lo que su espíritu era capaz de inventar. Pareció hacerle honor a su maestro, y algunos decían que lo sobrepasaba. Ya había alcanzado a Dédalo inclusive en la invención de herramientas, si es que no lo había superado: la sierra, el torno de alfarero y el torneador habían sido inventados por él.

Dédalo no soportó que su joven alumno fuera alabado y elogiado por todos, y temió que empalideciera su propia gloria. Una vez, cuando ambos se encontraban solos en la Acrópolis, empujó imprevisiblemente a Talo por encima de las abruptas rocas del castillo. Mientras enterraba rápidamente el cadáver del jovencito, fue sorprendido y, aunque explicó, haber enterrado a una serpiente, fue acusado por los jueces. Sobre el Areópago se le transfirió la culpa al criminal y fue condenado a muerte. Pero el astuto hombre consiguió escapar del calabozo y se trasladó furtivamente hacia Ática. Luego fue descubierto allí, y para evadir a sus captores se escabulló en un barco mercante hacia Creta.

Gracias a su habilidad obtuvo pronto la amistad del rey Minos. Le construyó palacios radiantes y magníficos, cuyos recintos adornó con grandes imágenes, y sembró hermosos jardines y fortalezas amuralladas. Tampoco se rehusó a inventar divertidos y artísticos juguetes para la hijita del rey o a crear lujosas piezas de joyería para la reina.

Cuando la reina de la isla dio a luz al Minotauro, una criatura horrorosa, con cabeza de toro, pero con cuerpo y miembros de hombre, y encrespado de fuerza y salvajismo, entonces Dédalo creó su obra más famosa: el laberinto con sus enrevesados pasillos y cámaras. En este laberinto sería encarcelado y desterrado el horror de la isla, que sólo se alimentaba de carne humana, y desde entonces bufó de cólera por alrededor del mismo, perdiéndose una y otra vez en los complicados pasadizos. Se cuenta que el mismo Dédalo casi no encuentra la salida del laberinto, cuando hubo terminado el trabajo.

Cuando Teseo de Atenas hubo llegado a la isla, hubo vencido al Minotauro y conquistado el amor de Ariadna, la hija del rey, Minos desconfió de él. Sospechó que Dédalo había tenido en sus manos la victoria y la huída de Teseo y desde entonces mandó a que lo vigilaran clandestinamente.

Entonces sucedió que a Dédalo le resultó muy pequeña la isla y no resistió más quedarse en Creta. También añoraba su patria, de la que se había alejado hacía tanto tiempo, que su culpa de sangre ya había prescripto. Pero también su hijo se había hecho mayor, y justamente se desplegaba en la flor de sus años juveniles. Pero no le habría sido posible abandonar la isla de incógnito en un barco. Y si la huída hubiera tenido éxito, los veloces marineros del rey lo habrían vuelto a buscar rápidamente. "Entonces sólo me queda el cielo abierto para la huída", pensó. E ideó una artimaña.

Observó atentamente el vuelo de los pájaros y juntó con su hijo plumas grandes y pequeñas. Luego las ordenó de manera artística según su tamaño en forma de alas, las unió con hilos y colocó el artefacto en cera, que el muchacho calentó con sus manos. Después le dio a la construcción una curvatura, de manera que se pareciera al oscilar de un águila. Un par de alas igual, sólo que más pequeño, confeccionó también para su hijo Ícaro.

Cuando le hubo dado el último toque a su obra de arte, se abrochó firmemente las alas, probó su capacidad de carga y vio que era capaz de elevarse en el aire. Entonces dio instrucciones a su hijo y también lo previno:

-Sígueme siempre, no vueles tan abajo, porque tus alas se harían pesadas por la humedad del mar, y no te llevarían más; pero evita también las elevadas alturas, para que el sol no derrita la cera. ¡Mantente en la mitad entre el mar y el sol!

Después de estas palabras abrazó a su hijo y se despidió de él. Un oscuro presentimiento presionó su corazón, y las lágrimas corrieron por sus mejillas.

Sin embargo tomó coraje, se elevó en el aire y llamó al muchacho para que lo siguiera. Como el ave preocupada por su pichón, que vuela por primera vez del nido, así miró Dédalo temeroso hacia atrás, mostrándole al muchacho de qué forma podía elevarse en el aire. Ícaro logró elevarse y ambos se escabulleron al alba de la ciudad. Debajo de ellos vieron al campesino sembrando, al pescador en la orilla y al navegante en la barca. Dédalo e Ícaro se maravillaron y se creyeron dioses. A lo lejos tenían a Creta tras de sí, sobre sí mismos tenían al éter leve y resplandeciente y abajo el ondulante mar azul oscuro. Isla tras isla, coronada de espuma, emergía y luego quedaba atrás.

Ícaro se exaltaba y su corazón explotaba de alegría. Con un coraje cada vez más audaz se elevó hacia las alturas luminosas, para bañar su pecho en el éter puro. Pero el sol empezó a ablandar la cera, ésta se derritió, las alas se desintegraron, y como una estrella que cae del cielo a la Tierra, así se precipitó el muchacho a las profundidades del mar. Dédalo percibió el grito desesperado del joven, que pedía auxilio a su padre. Atemorizado, Dédalo miró por los aires a su alrededor, miró hacia atrás buscándolo y exclamó:

-Ícaro, Ícaro, ¿dónde estás?

Pero no obtuvo ninguna respuesta. Entonces divisó sobre las olas el par de alas. Ahora supo qué había pasado. Suspiró profundamente y dijo:

-¡Oh, Talo, tú te vengaste!

Desconsolado, descendió en su vuelo y aterrizó en una isla cercana. Vagó por la orilla maldiciendo su arte y escudriñó hacia el mar para ver si las olas le devolvían el cuerpo del muchacho. Y las olas finalmente arrastraron el cadáver hacia la tierra, y así el padre sepultó a su hijo y a su esperanza en tierra ajena. Todos los habitantes de la isla tomaron parte del entierro, cubriendo con flores el bello cuerpo del muchacho. Desde entonces la isla lleva el nombre de Icaria, y el mar en el que el muchacho se precipitó, se llama el Mar Icárico.

Desde Icaria Dédalo se trasladó en un barco a Sicilia. En tierras extranjeras y con hombres extranjeros esperaba olvidar su dolor. En Sicilia encontró una hospitalaria acogida por parte del rey Cócalo. Aquí también Dédalo se hizo rápidamente conocido por sus dotes inventivas y artísticas, y mediante sus obras se ganó también la amistad del rey. Cócalo lo tomó como su compañero de mesa. En Sicilia Dédalo creó un magnífico templo para la diosa Afrodita. Luego construyó en una inaccesible cresta rocosa un castillo, en el cual el rey ocultó sus tesoros. Como tercera obra maravillosa se le acredita la caverna, que cavó en una montaña, tan profunda, que el fuego subterráneo dio el calor, que curó a los enfermos.

El rey Minos de Creta maldijo durante mucho tiempo su desconfianza, que le había robado la amistad y el contacto con Dédalo. Estaba dispuesto a ofrecer un elevado rescate, si podía volver a obtener al gran maestro. Su añoranza hacia él era tan grande, que se trasladaba por doquier adonde escuchara, que había un gran maestro trabajando. Pero imaginaba que el precavido se habría escondido o viviría bajo otro nombre, porque temía sus persecuciones, entonces Minos pensó encontrar de una forma segura al inhallable artista mediante una artimaña: el maestro debía arrastrar el caparazón de un caracol marino con un hilo dorado. Minos estaba seguro de que esto sólo lo lograría hacer Dédalo.

Cuando escuchó del gran artista que estaba trabajando en Sicilia, imaginó que era Dédalo y se puso en camino para ponerlo a prueba. Le pidió al rey Cócalo si podía poner a prueba a su constructor.

Cuando la tarea llegó a manos de Dédalo, le llegó también su solución: en la parte de arriba, donde el caparazón del caracol tenía un pequeño agujerito, hizo que se metiera una hormiga, que con su mano habilidosa ató el hilo de oro y luego encontró su camino por los espirales hacia la gran abertura, y así el hilo fue enhebrado. Cuando se le dio la solución a Minos, exclamó contento:

-¡A esta obra de arte sólo la pudo haber realizado Dédalo!

Entonces le ofreció oro en abundancia y le pidió al rey, que le devuelva a su amigo y constructor.

Pero ni Cócalo ni su hija querían perder el contacto con Dédalo. Pero el poder del cretense asustaba y lo sobornó con una emboscada. El rey Minos fue invitado a un banquete en el castillo. Cuando Minos, según la costumbre, tomó un baño, se le calentó tanto el agua que pereció escaldado por el agua caliente. A la comitiva se le explicó, que el rey se había resbalado y había fallecido en el accidente. Para evitar cualquier mala apariencia, se construyó para Minos una lujosa tumba con cúpula, en la cual fue sepultado.

De esta forma también Cócalo había echado una pesada culpa sobre sí mismo sólo para poder mantener a Dédalo en su corte.

Muchos jóvenes se reunieron alrededor del avejentado maestro. Él los instruyó en la construcción y en el arte de la escultura, y de sus alumnos surgieron los maestros más expertos, que expandieron por todas partes la nueva forma artística de Dédalo. Pero, aunque Dédalo fue querido y apreciado y vivió como un regente en su propio palacio, su alma, desde la muerte de Ícaro, ya no estuvo más alegre y jovial. Envuelto en la melancolía, murió finalmente a una edad muy avanzada.

15
EDIPO

En Tebas, la ciudad de los siete portales, gobernaba Layo. Él estaba casado con la joven Yocasta. Nada le hacía falta a su dicha, excepto que los dioses los bendijeran con niños. Por eso el rey se trasladó hacia Delfos, para indagar la voluntad de los dioses y rogarle a Apolo en su templo que le otorgara niños y ante todo, un heredero del reino. Él obtuvo como respuesta la sentencia del oráculo:

Layo, hijo de Labdaco, tú suplicas la bendición de los niños.

Pues bien, yo te otorgaré un hijo, pero se te impondrá morir a manos de éste, ya que así está determinado.

Zeu, el Crónida, conmovido por las tristes imprecaciones de Pélope, a quien tú le arrebataste el hijo, te ha deseado todo esto.

El rey se asustó al percibir la sentencia del oráculo. Se despertaron en su alma imágenes del recuerdo de un crimen, que antiguamente había ejecutado. En los años juveniles llegó como fugitivo a lo del rey Pélope y fue recibido hospitalariamente. Pero él violó la ley sagrada de la hospitalidad, que administra Zeus, y secuestró al único hijo de Pélope, que, lleno de pesar se quitó la vida. El rey maldijo al criminal y exclamó:

-Ese será tu destino, que seas asesinado a manos de tu propio hijo.

Esta maldición le era anunciada ahora mediante el oráculo como la voluntad de los dioses.

Layo regresó abatido hacia Tebas. Cuando poco tiempo después nació un hijo en la casa del rey, no hubo ninguna alegría. El miedo y la preocupación colmaban a la madre, y al padre lo ensombrecía la catástrofe. Entonces tuvo oscuros pensamientos. Después de tres días tomó al niño, le perforó los pies con un hierro afilado y los ató firmemente entre sí. Posteriormente y en presencia de la reina, entregó al niño a un esclavo, que cuidaba el ganado en las montañas de Citerón, y le ordenó que lo deje expuesto en el bosque.

-Allí se morirá de hambre o los animales salvajes lo despedazarán -dijo el rey-, y si el muchacho sobrevive y regresa como forastero a mi corte, lo reconoceré enseguida por sus pies.

Pero el esclavo sintió compasión por el niño, y en lugar de ejecutar la orden de su señor, se lo entregó furtivamente a un pastor, que cuidaba su manada del otro lado de la montaña. Éste le llevó el niño a su señor, el rey Pólibo de Corinto. Como a él y a su esposa no se les habían otorgado niños, acogieron al niño abandonado con sincera alegría. Cuidadosamente cuidaron sus heridas y las curaron con hierbas y ungüentos. Como el niño tenía los pies hinchados cuando el pastor lo llevó a la corte, le dieron el nombre de Edipo, que significa "pie hinchado".

La reina se ocupó del niño junto con sus sirvientas como si fuera su propio hijo, y cuando tenía siete años, el rey tomó en sus manos la crianza del niño. Éste creció bello y fuerte. De jovencito triunfó en una competencia noble por sobre los compañeros de su edad y esto le valió para hacerse hombre, como el primer ciudadano de Corinto.

Una vez Edipo participó en un brindis festivo. Cuando la copa ya había dado la vuelta varias veces, alguien se burló de Edipo y lo llamó "oprimido". El bromista fue regañado por los presentes y mandado a callar. Pero la palabra, aunque dicha en un murmullo incitó en Edipo pavorosas dudas. Temprano a la mañana siguiente se presentó ante sus padres y les contó lo que se le había reprochado y deseó saber las circunstancias de su procedencia. El padre y la madre buscaron apaciguar su ira y aliviar sus dudas con bondadosas palabras. Pero las palabras de los padres no lo alejaron de la atormentadora pregunta acerca de su origen. De manera que abandonó la ciudad, sin consultar a su padre, e hizo, lo que así de joven como era, ninguno había hecho aún antes que él: se dirigió al templo de Apolo en Delfos y exigió impetuosamente una respuesta de los dioses. La sacerdotisa dijo entonces:

-Este es tu destino: matarás a tu padre y te casarás con tu madre, y tus hijos morirán en la desdicha.

A Edipo se le encresparon los cabellos de espanto al percibir estas palabras. Para huir de la pesada calamidad, hizo un juramento sagrado: no regresar jamás a Corinto, aunque le resultara difícil no volver a ver el rostro de sus amados padres. Agobiado abandonó Delfos. Cuando llegó a la encrucijada, caminó en la dirección opuesta a la que había tomado antes, y escogió el oscuro desfiladero entre montañas boscosas, que conducía al reino de Tebas. Así creía escapar de su destino. Apenas hubo ingresado en el camino, cuando fue a su encuentro un carro que chirriaba. Sobre éste iba sentado un hombre con cabellos canosos, un conductor guiaba los caballos y algunos sirvientes los seguían a pie. Para tener un mejor lugar, el conductor del carro empujó al caminante hacia un costado; pero éste rugió y se dispuso a defenderse. Entonces el anciano lo pinchó con el azote, con el que se azuza a los caballos. Y de repente Edipo ardió en ira. Tomó su bastón y golpeó hacia atrás. Entonces mató involuntariamente al anciano con un golpe. Los acompañantes lo atacaron para vengar la muerte de su señor. En su ira, Edipo mató a todos excepto a uno, que pudo escapar sin ser visto. Después siguió caminando y llegó al reino de Tebas.

En ese país la gente vivía presa del temor y del pánico. Desde el mundo subterráneo había ascendido una Esfinge y mantenía a la ciudad en el terror. La Esfinge tenía cabeza y pecho con forma humana, pero tenía cuerpo de león, con fuertes garras y poderosas alas. Estaba sentada en una roca en la carretera hacia Tebas y le daba a cada uno de los que pasaba por allí un acertijo. Si alguno de ellos no podía encontrar la solución, ella lo arrojaba al abismo. Muchas ofrendas había exigido la Esfinge, y algunos hombres valientes habían llegado para liberar a la ciudad de este ser, pero ninguno había regresado. En esta necesidad se encontraba Layo, el rey de Tebas, que se había puesto en camino hacia Delfos, para buscar el consejo de los dioses profetas. Pero pronto regresó un sirviente que lo había acompañado, y trajo el mensaje de que el rey había sido atacado por ladrones y había sido asesinado; y que sólo él había podido escapar. En esta doble desgracia que había afectado a la ciudad, Creonte, hermano de la reina, tomó el gobierno en sus manos y dio a conocer que el que pudiera resolver el enigma de la Esfinge debía convertirse en rey de Tebas, sea un ciudadano de la ciudad o un extranjero, e iba a obtener a la reina como esposa.

Justo en esta época Edipo llegó a la ciudad. Él escuchó acerca de la desgracia y se postuló para resolver el enigma y liberar a la ciudad. Los tebanos lo escoltaron hasta las puertas de la ciudad. Sin temor se presentó Edipo ante la Esfinge. Y ella le formuló entonces el acertijo:

-¡Cuál es el ser que a la mañana es camina en cuatro patas, al mediodía en dos y a la noche en tres? Cuantas más patas tiene, menos fuerza y rapidez adquiere. De todos los seres vivos, él solo cambia su forma y el número de sus pies; permaneciendo siempre sólo su voz.

-Ése es el hombre -exclamó Edipo después de meditarlo brevemente. -Cuando es un niño gatea sobre sus manos y sus pies, luego se yergue y está lleno de fuerza en el mediodía de su vida, y cuando es anciano se bambolea, apoyado en un bastón, hacia la tumba. Aunque cambia su forma, sigue siendo siempre él mismo.

Apenas hubo dicho esto, la Esfinge se precipitó por sobre las rocas y se estrelló en las profundidades; pues le estaba profetizado que perecería, si un hombre conseguía resolver su enigma.

Alborozados recibieron los tebanos al extranjero que regresaba y lo saludaron como rey y liberador de la ciudad. Edipo se casó con la reina y gobernó la ciudad de manera inteligente. Ante todo se vanagloriaba su justicia incorruptible, y era querido por todos, aunque era un extranjero. Edipo vivía feliz y para su alegría, vio crecer a dos hijos y dos hijas, que su esposa le había otorgado.

Pero los dioses no toleraron por mucho tiempo, que la atrocidad de Edipo haya permanecido sin vengar durante tanto tiempo, ya sea por la ley divina como por la humana. Por eso enviaron una peste sobre el país. Muchos ciudadanos padecieron, el ganado pereció en los campos y los sembradíos se secaron. El rey y el pueblo interpretaron la desgracia como una señal divina y brindaron ofrendas de purificación y expiación. Pero como nada era capaz de reconciliar lo infraterreno con lo celestial, Edipo envió a su cuñado Creonte hacia Delfos e hizo que pidiera consejo. Él volvió con la noticia y habló ante el rey y el pueblo reunidos:

-Así se percibió a la sacerdotisa del dios profeta: la muerte de Layo aún está sin expiar, y el asesino vive entre vosotros sin ser reconocido y sin ser castigado. La peste no se aminorará a menos que se encuentre al asesino.

El pueblo entero se retiró a sus casas horrorizado al percibir esta sentencia. El rey comenzó a investigar diligentemente. Hizo llamar a los más ancianos de la ciudad y les preguntó, si había alguien que permanecía sin pena, que había conocido al asesino o había sabido de él y hasta ahora había callado. Pero ninguno se podía acordar si sabía algo acerca del autor del crimen. Entonces Edipo maldijo al que albergaba al asesino en su rebaño.

-La maldición también me atañe a mí -dijo-, si él se encuentra en mi rebaño. -Y también maldijo al asesino:

-No hallará casa o rebaño hospitalario en la ciudad, ningún templo le abrirá las puertas; permanecerá apátrida y deberá abandonar el reino.

Como el cuestionar y el indagar no condujo a nada, Edipo desconfió, y la sospecha amenazaba deteriorar sus sentidos. Entonces aconsejó a Creonte que busque el consejo del vidente Tiresias. El rey envió a su cuñado a la montaña donde vivía el anciano y le pidió pasar. El vidente se hizo esperar por mucho tiempo, y se rehusaba a salir, porque ya lo había adivinado todo y preveía la miseria que se aproximaba. Finalmente y después de renovados pedidos, apareció el anciano ciego, guiado por un muchacho, y le habló al rey:

-Sería mejor que me dejes a mí sólo saber lo que sé; pues lo que tengo para decirte tiene como consecuencia la desgracia para ti.

-¿Cómo? ¿Conoces al asesino y no quieres hablar? ¿Entonces tiene que perecer toda la ciudad? -preguntó Edipo exaltado. Tiresias respondió:

-Puedes enfurecerte si quieres, pero sería preferible que te calles.

-Entonces escucha lo que yo supongo que pasó -exclamó Edipo iracundo: -Tú mismo te ocultaste bien junto con otros detrás del plan de matar a Layo, y si no fueras ciego, te diría que lo has matado tú.

El vidente contestó recién después de esta calumnia, diciendo:

-Escucha: ¡que la maldición que has proferido te golpee a ti! ¡Pues tú mismo eres el asesino de Layo!

El rey Edipo lo tildó de charlatán y lo amenazó con severos castigos. Creyendo que Creonte estuviera forcejeando clandestinamente para arrebatarle el trono, dijo que el vidente había sido sobornado por él para dar falsos testimonios; que Tiresias era ciego para la verdad, pero no para el dinero. Que la videncia lo había abandonado ya se había manifestado cuando la Esfinge amenazó a la ciudad. Allí el vidente se habría quedado mudo, pero habría sido capaz de resolver el enigma.

Sin embargo, Tiresias repitió lo que presenciaba y dijo:

-Ahora te burlas de mí, pero yo veo tu caída antes de que se muestre el sol, y oigo tus quejas y lamentos, cuando Apolo haya puesto al día toda la atrocidad.

-¡Desaparece de mi vista, tonto!, -tronó Edipo y se alejó de él. Tiresias habló despacio:

-Vine, porque me fuiste a buscar; tú me llamas tonto, pero sabe, que tus padres me llamaban sabio.

Recién esta palabra lo trajo a Edipo a la conciencia y le preguntó al vidente:

-¿Quiénes son mis padres?

-El día de hoy te lo enseñará, -respondió él y se fue de allí conducido por el muchacho.

Acto seguido entró Creonte. Había llegado a sus oídos que el rey sospechaba que él forcejeaba por el trono y quería demostrar su inocencia. Pero el rey estaba tan enceguecido que no podía escuchar nada, sino que se sentía amenazado por la muerte. Yocasta había escuchado la amarga disputa desde la sala de las damas. Entonces se acercó a ambos. Consiguió apaciguar a Edipo para que midiera su ira y dejara libre a Creonte. Yocasta le preguntó a Edipo por el motivo de su ira y él le contó lo que había dicho el vidente. La reina replicó:

-No te dejes presionar por las palabras del vidente. Para mí está claro que la videncia no habita en ningún hombre: a mi esposo también se le presagió que moriría a través de su hijo, pero no fue por medio de su hijo, sino que fue asesinado por ladrones en una encrucijada; pues nosotros expusimos a nuestro hijo a la espesura del bosque, donde pereció. Edipo fue traspasado como por un rayo por la palabra "encrucijada". Le pidió a Yocasta que le contara exactamente cómo se veía Layo en las circunstancias en que fue asesinado.

-Un único esclavo -dijo ella-, volvió y contó todo.

Edipo se estremecía cuando ella le contaba: todo parecía coincidir con aquello que él había experimentado en el mismo lugar.

-¡Ay de mí! -exclamó él-, me temo que el vidente ha dicho la verdad. Pero aún queda una esperanza: el rey fue asesinado por ladrones, como tú me contaste. Ahora se debe buscar al esclavo, pues sólo mediante su testimonio se puede llegar a la verdad. -Y envió un mensajero por él a la montaña. Mientras esperaba le dijo a su esposa:

-¿A dónde me dirigiré si soy el asesino del rey? Se me ha augurado algo terrible: que mataría a mi padre y me casaría con mi madre.

Entretanto, se anunció un mensajero de Corinto y dijo:

-Esto es lo que tengo que informarte: Pólibo está muerto y los corintios te convocan a ti en el trono abandonado como su rey. -Yocasta dijo:

-¿Qué contaste que te había presagiado el oráculo? Mira, ahora tu padre está muerto; no asesinado por tus propias manos, no que la muerte lo ha buscado al anciano en el letargo, como nos lo informó el anciano. -Pero Edipo dijo reacio:

-Mi madre Mérope vive aún, y se me profetizó que me casaría con ella. -El mensajero escuchó estas palabras y dijo:

-¿Qué te preocupa, rey? Mérope no es tu madre biológica; debes saberlo, yo te llevé hacia ella en éstos, mis brazos, cuando un pastor te me entregó. ¡Qué lamentable te veías, y cómo me conmoviste: tus pies estaban hinchados y perforados!

Al oír estas palabras Yocasta se puso pálida del susto y exclamó:

-¡No sigas investigando, desiste, infeliz, te lo ruego! -Entonces Edipo replicó:

-Yo debo indagar quién soy, ocurra lo que tenga que ocurrir. -Yocasta se dio vuelta estremeciéndose y se tambaleó hacia la habitación de las damas. Edipo la observó y se dijo a sí mismo:

-Si ella teme, ¿será porque se manifestará la procedencia inferior del niño abandonado?

Mientras meditaba acerca de estos pensamientos, entró temblando el esclavo anciano. Sospechando por qué había sido buscado, se rehusó a hablar. Entonces Edipo exclamó:

-¡Te haré castigar si no hablas!

Entonces el anciano relató cómo había fallecido Layo. Por temor a ser acusado de cobarde había dicho en ese momento que el rey había sido atacado por ladrones. Cuando dijo esto, el mensajero Corinto se dio vuelta hacia el rey y dijo:

-De qué manera concuerda todo! Este hombre, oh rey, atestiguará que es cierto, lo que yo dije. ¡Es él que te depositó en mis brazos en las montañas de Citerón! -Y volviéndose hacia el pastor, le dijo:

-¿Me reconoces anciano? Habla, ¿no me has entregado hace muchos años un niño, cuyos pies estaban perforados e hinchados, y a quien tú debías exponer a la intemperie?

El anciano reconoció entonces al corintio, y las rodillas le temblaron de temor y de espanto. Edipo dijo:

-No temas, anciano, habla, ¿puedes atestiguar esto? -Y el esclavo admitió:

-Ciertamente, lo reconozco. A él le entregué el niño, que por orden de Layo debía exponer a la espesura.

De esta forma se reveló el crimen de Edipo, antes de que el sol se ocultara. ¿Quién es capaz de describir el horror y la pena del rey? Consternado se precipitó al palacio y exclamó:

-¿Dónde está mi esposa, no mi esposa, mi madre?

La noticia de la desdicha que había irrumpido en la casa del rey se propagó como un fuego salvaje, y lleno de interés, el pueblo se reunió ante el palacio. Acto seguido salió un sirviente y trajo una nueva y espantosa noticia: Edipo había ido a buscar su espada y gritando de dolor como un loco por el palacio, había entrado en la habitación de la reina: allí la había encontrado sin vida. Yocasta se había despedido de la vida por su propia voluntad. Luego le había desabrochado las ropas a la desfallecida, y frenéticamente en su locura, se había perforado los ojos con la hebilla dorada del vestido y había exclamado:

-Ellos no deben ver más el sol, ellos, que no han visto la atrocidad en la que viví.

Apenas hubo terminado el sirviente de hablar, cuando el enceguecido rey se bamboleó a tientas y le pidió al pueblo, que lo repudie en el bosque o que lo apedree. Todo permaneció callado, estremecedoramente. Pero Creonte lo condujo de regreso al palacio, para que no lo espantaran ni el sol ni los hombres. Él quiso permanecer, sin embargo, hasta que Apolo hubiera decidido acerca de su futuro mediante la boca de la sacerdotisa.

Durante muchos años se mantuvo Edipo oculto en el interior del palacio. Se había reconciliado con la voluntad de los dioses y soportaba su destino. Pero cuando se hizo mayor, Creonte y los tebanos lo desterraron, para que no muriera en la ciudad y el país se corrompiera aún después de su muerte. Sus hijos podrían haber impedido el destierro, pero eran insensibles con su padre y forcejeaban por arrebatarle el poder. Por eso lo entregaron a su destino.

Edipo debía abandonar el país. Como mendigo se trasladó de lugar en lugar, conducido por su hija Antígona. Adonde llegaba el ciego, la gente lo recibía de manera compasiva, pero decía su nombre y se alejaban espantados de él y se le negaban los alimentos, porque su terrible destino era conocido en todas partes; ninguno quería permanecer bajo el mismo techo con el suscrito y desterrado por los dioses. De esta manera también fue abandonado por todos los hombres en el extranjero y vagabundeó muchos años sin descanso. En su viaje llegó una vez a un bosquecillo de cipreses y laureles que daban oscuras sombras. En este lugar de paz deseó quedarse, y le pidió a su hija, que lo deje descansar sobre una piedra a la sombra y que averigüe donde se encontraban. Entonces se acercaron unos ancianos venerables, los guardianes del bosquecillo, y exclamaron:

-¿Quién eres tú, que osas entrar en este lugar sagrado?

Edipo, profundamente asustado, le levantó, caminó a tientas en dirección a los que llamaban, extendió sus brazos en señal de ruego y dijo:

-Vengo hacia vosotros suplicando protección. Nombradme las venerables divinidades del bosquecillo y decidme dónde estoy. -Los ancianos respondieron:

-Las Erinias, las terribles diosas de la maldición y la venganza habitan aquí, pero nosotros les decimos las Benévolas. Nosotros somos ciudadanos de Atenas y guardianes del santuario. -Edipo dijo entonces:

-Finalmente encuentro el bendito descanso en el bosquecillo de las diosas, que a mí, el maldito, me persiguieron toda la vida.

-¿Quién eres tú, anciano digno de compasión? - Edipo dijo su nombre.

-¡Edipo! ¡Rey Edipo, el maldito! ¡Retírate y no profanes este lugar! -exclamaron llenos de terror. Edipo dijo:

-No os entusiasméis y vayáis en contra de alguien a quien los dioses finalmente otorgan protección. Pues se me ha prometido, que finalice mi vida de condenado en el bosquecillo de las divinidades vengativas. Así que ved y pedidle al rey Teseo que venga. Tengo algo importante que decirle.

Mientras los ancianos se apresuraban hacia la ciudad, Antígona regresó trayendo consigo a su hermana Ismena. Ella había abandonado Tebas siguiéndolos hasta allí para llevarle las noticias a su padre.

-Los hermanos se pusieron el uno contra el otro -dijo- y se encuentran peleando llenos de odio. Polinices avanza con enemigos y amenaza a Tebas. Etéocles defiende la ciudad junto con Creonte. Él vendrá a buscarte. Vivo o muerto te quiere tener Etéocles en Tebas; pues le está augurada la victoria al que te tenga entre las filas de los combatientes.

- ¿Y me enterrarán en tierra tebana si voy y reconcilio a los hermanos? -preguntó Edipo.

-No, padre -dijo Ismena, ellos no lo pueden hacer debido a tu culpa de sangre. Si tú mueres, te sepultarán fuera del país en tierra extranjera.

Edipo suspiró profundamente y determinó en su corazón no seguirlos. Apenas hubo terminado de hablar Ismena, cuando llegó Teseo apresuradamente. Saludó al condenado y le concedió amparo y protección. Mientras Teseo ejecutaba la ofrenda sagrada de purificación, se acercó Creonte, saludó a Edipo y le dijo con palabras hipócritas, que venía, enviado por Etéocles, a llevarlo nuevamente hacia Tebas. Edipo se negó a ir con él. Entonces Creonte utilizó la violencia y quiso tomar prisioneros al anciano y a sus hijas y llevarlos a rastras. Al oír el ruido de las armas y los llamados de auxilio, Teseo se apresuró hacia allí, liberó a Edipo y a sus hijas y Creonte escapó.

Poco después llegó Polinices, que se encontraba con sus guerreros ante Tebas, y también intentó apoderarse de su padre. Llorando se arrodilló ante él y le pidió que fuera con él para que venciera al odioso hermano y así Edipo pudiera establecerse de nuevo como rey. Entonces Edipo se levantó y pronunció las siguientes palabras proféticas:

-Es demasiado tarde. Ahora no hay lágrimas que ayuden. Estoy ante el umbral del mundo subterráneo y, reconciliado con los dioses, vagaré entre las sombras. ¡Vosotros pereceréis en una cruel batalla, os mataréis uno a manos del otro! –Todos los presentes se estremecieron. Y el condenado se escabulló llorando de allí.

Entonces la Tierra tronó desde las profundidades. Edipo reconoció esta señal y se encaminó, acompañado por sus hijas y Teseo, al lugar sagrado en el bosquecillo, donde había un abismo que echaba humo y un umbral de bronce que designaba la entrada al mundo subterráneo. Él caminó erguido, como si estuviera viendo. En las proximidades del umbral, se sentó, se desprendió sus ropas de mendigo y les pidió a las hijas que lo lavaran y lo vistieran con lino blanco. Después se despidió de ellas. Las consoló y puso sus manos en la mano del rey, quien las recibió en su custodia. La

Tierra retumbó nuevamente, y desde las profundidades llamó una voz:

-¡Vamos Edipo, apresúrate y no vaciles! Partamos.

Edipo se soltó de los brazos de sus hijas y les pidió que abandonaran el lugar. Sólo Teseo podía permanecer junto a él. Edipo le compartió entonces un secreto a Teseo, que éste y desde ahí en más todos los reyes de Atenas, les revelaron a sus sucesores al morir.

A continuación la Tierra retumbó por tercera vez. Cuando las muchachas miraron hacia atrás pavorosas desde la lejanía, Edipo fue tragado por la Tierra. Ellas sólo vieron aún cómo Teseo se quedaba parado al borde del abismo y se tapaba los ojos con las manos, como si fuera enceguecido por un excesivo resplandor. Luego elevó sus brazos implorando a los Celestiales, se arrodilló y veneró con la cabeza cubierta también a los Infraterrenos. Después salió cavilando del bosquecillo y les brindó a los dioses de manera solemne la ofrenda a los muertos.

El lugar en donde Edipo había abandonado la Tierra permaneció para los atenienses como un sitio de refugio y protección para la eternidad. Pero los hijos de Edipo tuvieron como destino la maldición paterna. En el tumulto de la batalla por el domino de Tebas se precipitaron como leones el uno sobre el otro y se mataron en un duelo.

Después de la muerte de los hijos de Edipo, la soberanía de Tebas cayó en Creonte. La abundancia de poder lo enceguecíó y se convirtió en un soberano violento. Él ordenó que Etéocles fuera enterrado solemnemente en tierra tebana. Pero como Polinices había sido un enemigo de la ciudad, Creonte prohibió como castigo mortal que lo enterraran. Entonces el cuerpo de Polinices quedó situado en medio de la muralla de la ciudad, sin sepultar, y profanado por los pájaros y los perros.

Pero Antígona se aventuró a ponerse en contra de la orden de su tío. Pues someterse a los venerables mandamientos de los Infraterrenos le pareció el deber más elevado y más antiguo. Por eso salió secretamente de la ciudad hacia el campo donde yacía Polinices, brindó la ofrenda a los muertos y desparramó sobre el cuerpo de su hermano tanta tierra como fue suficiente, según el mandato de los dioses de los muertos, y el alma de Polinices pudo encontrar reposo.

Mientras realizaba este acto sagrado, la sorprendieron los vigilantes de Creonte y la llevaron a rastras ante el rey. Creonte la interrogó y la condenó a muerte. Aunque su propio hijo rogó por su vida, aunque el pueblo se quejó y se alzó contra Creonte, quien osaba en su enceguecimiento colocar los preceptos humanos por encima de los divinos y arcaicos deberes sagrados, él permaneció inflexible. Hizo aprisionar entre muros a Antígona.

Como también Ismena murió tristemente por entonces, se disolvió la estirpe de Edipo. Y así se había cumplido el destino, de la manera en que antiguamente le fuera presagiado a Edipo.

16
JONIO

El rey Erecteo de Atenas tenía una amada hija llamada Creusa. Aunque era prácticamente una muchacha, la joven de brazos de lirio era la amante de Apolo.

Un día la virgen estaba recogiendo flores de azafrán en las rocas del castillo cuando la sorprendió el dios. Bañado por la luz dorada de los rizos de la joven, la condujo a la cercana gruta de Pan y se desposó secretamente con ella.

Cuando Creusa le otorgó la vida a un niño, temió ante el castigo y la ira de su padre. En su angustia y necesidad, colocó al niño en una gruta en las rocas del castillo, oculto en una canastita trenzada y envuelto cuidadosamente en delicados pañales. Su única esperanza era que su amante tuviera compasión por el niño abandonado y lo aceptara como suyo. Por precaución había colocado una joya de oro en la canastita, mediante la cual podría reconocer infaliblemente al niño. Y Apolo, el que les revelaba el destino a los hombres, entronizado en el centro de la Tierra sobre un taburete dorado de tres patas, percibió la súplica de la madre temerosa y se compadeció del niño. Esa misma noche envió a Hermes, el mensajero alado de los dioses, a la gruta, y le ordenó buscar al niñito y llevarlo a Delfos. Entonces Hermes colocó la canastita, siguiendo el consejo de Apolo, ante las puertas del gran templo.

Cuando en la temprana luz del día naciente la suprema sacerdotisa se dirigió a las puertas del templo, vio la canastita. Asombrada la abrió y encontró allí a un niño recién nacido, que dormitaba apaciblemente. Primero, en la agitación, pensó en un crimen secreto y quiso desapegarse de la canastita, pero Apolo conmovió su corazón y sus sentidos: ella sintió compasión, se arrodilló, tomó al niño en sus brazos y decidió criarlo y ser su madre. Así creció el niño abandonado en el templo, y jugó sin saberlo en el altar de su padre. Cuando se convirtió en jovencito, entró en el culto sagrado del templo como sacerdote de Apolo, y los habitantes de Delfos lo ordenaron guardián de los tesoros y dones consagratorios, que le eran ofrecidos al dios.

Entretanto, Erecteo había desposado a su hija con Xuto. Éste, de procedencia divina por parte de su padre, se había trasladado de Tesalia a Atenas y le había ganado una guerra al avejentado rey. Como agradecimiento recibió a Creusa como esposa. Pero a su matrimonio le faltaba la bendición de los hijos. Después de años de inútiles esperanzas, ambos resolvieron dirigirse a Delfos y pedirle un hijo a Apolo, que les alegre la vejez y que se encargue en el futuro de la soberanía de su padre; pues ya hacía mucho tiempo que Xuto se había convertido en rey de Atenas.

Antes de que llegaran al templo de Delfos, se separaron por un breve lapso. Xuto se puso a buscar un santuario especial que se encontraba en los alrededores, mientras que Creusa, acompañada por sus criadas y un sirviente anciano y fiel, siguió caminando y encontró albergue en lo de unos parroquianos.

A la mañana siguiente ingresó a la sagrada región, purificada por el manantial cristalino de Castalia y se aproximó respetuosamente al templo, entonces salió el joven, inspirado por los dioses, desde las puertas a los escalones del templo, alzó los brazos y saludó a la luz del día naciente, que resplandecía en la cumbre del Parnaso y se elevaba gradualmente:

"Ved, allí dirige Hiperión los fogosos corceles
por encima de la órbita terrestre,

las chispeantes estrellas huyen ante su resplandor
hacia el seno de la noche sagrada.
Las inmutables alturas del Parnaso reciben tempranamente
la luz del día que despierta,
que cuanto más profundamente desciende, más ilumina a su
    alrededor
a los hombres activos y creativos.
Desde el altar asciende el perfume de la mirra solar
hacia la bóveda del templo.
Entronizada en el sagrado taburete de tres patas,
la sacerdotisa le canta al pueblo solicitante las sentencias,
con las que Apolo la rodea resonando.
¡Vosotros, habitantes de Delfos, servidores de Apolo, levantáos!
Trasladáos a la corriente plateada resplandeciente del manantial
    de Castalia
Y colocad vuestros pies en el rocío puro,
luego ascended hacia el templo.
Consagrad la boca sólo hacia las palabras de salvación
¡Sólo quedáos con lo curativo, preguntad el consejo al dios,
que lo percibe de vuestros labios!"
Y el joven también se alegró de
aplicarse al trabajo:
"¡Qué hermoso servicio, oh Apolo,
te lo ofreceré a ti en la casa divina!
No me retiraré jamás de los continuos esfuerzos.
Febo es mi padre y mi creador,
Y a él, mi salvador, lo alabo en forma suprema.
Pues es padre, quien actúa paternalmente,
como Febo hizo conmigo."
Y lleno de agradecimiento exclamó:
"¡Oh Paián, oh Paián, regálame la dicha,
y serás alabado y bendecido de felicidad eternamente,
oh, vástago de Leto!"

Después de este himno colgó coronas frescas y ramas de laurel perfumadas en las puertas del templo y comenzó alegre a limpiar el atrio con agua. Allí vio a una mujer aproximarse dignamente, rodeada de su servidumbre. Las lágrimas se precipitaron a sus ojos cuando se acercó al santuario y vio al noble joven.

Un viejo recuerdo ascendió a su pecho: su temprano destino, el amor de Apolo y el abandono del niñito. El joven sacerdote se dirigió hacia la mujer y le preguntó compasivo por la causa de su pesar.

-¿Qué te agobia de esta forma, noble mujer? Donde todos se alborozan, los que contemplan la morada del dios, tus ojos se humedecen por las lágrimas. ¿Quién eres? ¿De dónde vienes?

La reina, suspirando profundamente y tomando coraje, dijo:

-¡Ah, nosotras, las pobres mujeres! ¿A dónde nos dirigimos en busca de justicia, si nos presiona la injusticia de los poderosos! Pero ya basta de esto. Soy Creusa, la esposa de Xuto de Atenas. Hemos venido para pedirle a Apolo la bendición de un hijo.

Y, ocultando el verdadero motivo de sus lágrimas, le contó acerca de una amiga, a la que Apolo había amado una vez y que había sido abandonada de manera infiel. Ella había abandonado a su niño, y en este momento tendría la edad del joven, si es que los animales salvajes no lo habían despedazado. También para esta amiga buscaba consejo y consuelo en el templo. Y, volviéndose hacia el joven, le dijo abatida:

-¡Oh, qué feliz debe ser tu madre, que se puede alegrar por un hijo como tú.

- Yo no tengo madre -respondió el joven-, y tampoco conozco a mi padre. De qué manera llegué aquí, me es incierto. La sacerdotisa de este templo tuvo compasión de mí y me crió como una madre.

– ¡Ah, qué amarga es la suerte humana! - dijo la reina sollozando-, tú buscas a tu madre, y mi amiga busca a su hijo.

Entonces Xuto se apresuró hacia allí alegremente. Creusa interrumpió la conversación y se dio vuelta hacia su esposo para saludarlo.

-Alégrate, amada mía -exclamó desde lejos-, te traigo buenas noticias. No nos iremos de este sitio divino sin hijos. Ve y pídele a Apolo en el altar, mientras yo voy al templo a consultar a Pitia.

Creusa hizo como se le indicó, tomó una sagrada rama de laurel y buscó un altar alejado en compañía de su anciano sirviente. Xuto subió esperanzado los escalones del templo e ingresó en el interior. Entretanto, el joven se había vuelto a abocar a su trabajo. Después de un breve tiempo la puerta se abrió crujiendo y salió Xuto, miró a su alrededor, y se apresuró con los brazos extendidos hacia el joven, exclamando:

-¡Qué felicidad para ti y para mí, hijo mío! -El joven replicó:

-Feliz estoy, tú sé moderado, entonces nos irá bien a los dos.

– ¿Cómo no voy a alegrarme, si te he encontrado, hijo mío -dijo el rey y abrazó al joven.

El joven sacerdote creyó, que el anciano se había vuelto loco y lo rechazó violentamente. Pero Xuto exclamó:

-¡No me rehúyas! El dios te me ha otorgado como mi hijo; pues eso fue lo que dijo la sacerdotisa: `al que primero se encuentre el padre al salir del templo, es su hijo´ Obedece al dios, joven, y tómame como tu padre. -El sacerdote dijo entonces asombrado:

-Desconfiar del padre profetizador es un sacrilegio. Así que te saludo como mi padre.

Conmovidos por la intervención del dios, ambos se estrecharon en un abrazo y el amor mutuo brotó en sus corazones.

Pero luego al joven lo ensombreció la amargura y dijo:

-Ah, querida madre, ¿te veré alguna vez? Ahora más que nunca deseo saber quién eres. Pero tú debes estar muerta y en vano añoro tu mirada. -Xutos le respondió:

-Que yo te haya encontrado, esto lo ejecutó un buen dios para nuestra prosperidad. Y también se producirá entonces, que vuelvas a encontrar a tu madre. Confiémoslo al tiempo.

Xuto le dio al joven el nombre de Jonio, el que se acerca, porque éste se aproximó hacia él, cuando abandonó el templo. Pero para que Creusa, que se hubiera alegrado por el nacimiento de un hijo, no se amargara y para ahorrarle el dolor y el rechazo, Xuto quiso introducir al muchacho a su casa primero como invitado, hasta que Creusa le hubiera tomado afecto; y recién después anunciaría la sentencia del dios y con la voluntad de Creusa, reconocería al joven ante todo el pueblo como su hijo y lo declararía como heredero a la soberanía. En su alegría también invitó a un banquete a los ciudadanos de Delfos, para honrar a su huésped, ya que quería celebrar con Jonio de esta forma y clandestinamente una fiesta de cumpleaños y al mismo tiempo un banquete de despedida.

Mientras Jonio preparaba la fiesta, Xuto subió al Parnaso, donde Apolo había erigido un altar bajo cielo abierto, para agradecer al dios y brindarle una ofrenda.

Cuando Creusa regresó del templo con el viejo sirviente, las criadas le contaron lo que había sucedido y lo que le atañía a ella, aunque el rey se los hubiera prohibido bajo la amenaza de la muerte. Le contaron de qué forma, por indicación del dios, el rey había tomado como hijo al servidor del templo, algo que para la reina aún debía permanecer en secreto.

-¡Ah, jamás, oh señora, te será permitido, acunar a un niño en tus brazos! -se lamentaron.

-¡Qué desgraciada! -exclamó Creusa- la pena pesa sobre mí. Este dolor me toca profundamente en el interior del corazón.

–Hemos sido traicionados -sospechó el sirviente-, este joven bien puede ser el niño de una esclava o de una muchacha del templo de Delfos, que tu señor te oculta, y lo ha acogido ahora como hijo, fingiendo que era el presagio del dios.

–¡Ah, nuestra querida señora, la hija de una antigua descendencia real no tendrá hijos y vivirá deshonrada ahora en la casa, y el extranjero sin hogar se apropiará alguna vez del glorioso trono de los Eréctidas!, -de esta forma se lamentaron los sirvientes y las criadas, sembrando sospecha y desconfianza en el corazón conmovido de la reina. A todos les pareció insoportable esta reubicación de su señora. El viejo sirviente, que vivía en la casa del rey desde los días de la niñez de Creusa, propuso sacar del camino al intruso. Y la reina, contrariada por las dudas y la desconfianza, la vergüenza y el orgullo herido, y tironeada con amarga ira por la deshonra, no luchó contra esto. Apoyada por sus criadas, entró con pies tambaleantes en la casa del huésped.

Pero el sirviente se apresuró hacia donde estaban comiendo Xuto con Jonio y los huéspedes invitados en una carpa. Cuando fueron llevados los platos y se empezó a armar el brindis, el anciano entró y se puso a servir el vino. Entre bufonadas y para alborozo de los invitados les alcanzó coronas. Todos se adornaron con ellas, se encendió el perfumado incienso y sonaron las flautas. Entonces derramó el chispeante vino en la vasija, le vertió agua y llenó las copas doradas. Los esclavos se lo ofrecieron a los invitados. El anciano tomó él mismo la copa más hermosa, rápidamente vertió allí dentro un efectivo veneno sin ser visto, se dirigió hacia el lugar de honor y se lo entregó al joven. Cuando el joven se dio cuenta, como invitado de honor, de brindar a los dioses la ofrenda de la bebida, a un esclavo se le escapó una maldición a los dioses. Jonio, confiando en las sagradas ceremonias, reconoció eso como una señal de desventura y les pidió a los invitados verter la ofrenda a la tierra, para que las copas pudieran ser llenadas nuevamente. Mientras sucedía esto, una bandada de palomas voló hacia la carpa. Como no fueron espantadas por nadie, las aves se quedaron sobre la tierra sorbiendo el vino. En eso, la paloma que había bebido de la ofrenda del joven, empezó a temblar y a estremecerse, y movió el pico haciendo sonidos extraños, después aleteó por alrededor batiendo salvajemente las alas y cayó tras breve agonía al piso, hundió las patitas color púrpura y murió. Entonces hubo agitación y espanto entre los invitados. Jonio saltó y exclamó:

-¿Dónde está el que me quería matar? ¡Habla, anciano, tú te has prestado para esto, pues de ti recibí la copa!

-El anciano fue apresado y arrastrado ante el juez. Allí reconoció su atrocidad, que había mezclado veneno en el vino, y dijo que Creusa compartía la culpa con él. Ambos fueron sentenciados a muerte por lapidación, porque habían atentado contra la vida de un hombre santo y se habían atrevido a cometer un crimen en el sagrado recinto de Apolo.

Cuando fueron a buscar a Creusa, la encontraron de rodillas ante el altar de Apolo. Hasta allí había escapado en su angustia y necesidad suplicando protección, cuando advirtió el hecho espantoso que había sucedido. Pero Jonio en su ira, olvidándose a sí mismo y de los preceptos sagrados, trató de sacar con violencia a la culpable del altar y arrastrarla ante el juez.

Ingenuamente, pero conducida hacia allí por el dios a la hora correcta, la suprema sacerdotisa salió del templo. Ella llevaba una canastita en la mano. Rápidamente pasó entre la multitud, que se alejó de ella de manera respetuosa. Luego miró a Jonio, que quería sacar de allí a la extraña mujer. Cuando vio a la sacerdotisa, elevó fuertes denuncias contra su asesina. Pero la Pitia combatió duramente su atroz accionar:

-¡Deténte, oh hijo! Dejando mi asiento de vidente trasladé ese gabinete aquí, la Pitonisa de Apolo, seleccionada entre las mujeres de Delfos, para la costumbre antigua y verdadera. Desiste de esta mujer, que ruega protección arrodillada al altar de tu señor, y no transgredas en tu ira los usos arcaicos y sagrados. Si la mujer es culpable, el mismo Apolo la castigará.

-Las palabras de la sacerdotisa, que lo había criado y a quien él respetaba como a una madre, lo volvieron a la conciencia. Avergonzado por haberse dejado llevar por una ira desmedida y habiendo olvidado el deber sagrado, se retiró de los escalones. Entonces la sacerdotisa le habló suavemente:

-Yo te crié, amado niño, para amar al dios. Percibe ahora, por qué he venido: Ya que tú por la voluntad del dios saliste del servicio sagrado del templo y seguiste a tu padre hacia Atenas, te entrego esta canastita, en la cual fuiste abandonado una vez y que yo conservé. ¡Que ella te indique a tu madre! Así me dijo Apolo en mi corazón que hiciera y que te dijera. Ahora lo sabes todo por mí y por Febo, que ha dirigido el destino de esta manera.

El joven tomó contento la canastita, pero pronto lo atosigaron turbios pensamientos: "Es preferible que le consagre la canastita a Apolo y que olvide a la madre que, en lugar de darme el pecho, me repudió sin amor. Pero a su suerte, sea buena o mala, ningún mortal es capaz de escapar".

El joven consideró en su corazón todo lo que tenía que agradecerle a Apolo, e internamente no se pudo oponer a la conducción del dios. Y tomó la canastita.

A Creusa, que estaba arrodillada ante el altar, no se le escapaba ni una palabra. Ella reconoció la canastita, en la cual había abandonado antaño al niñito. Saltando de alegría y excitación, corrió con el corazón palpitante hacia el altar a encontrarse con el hijo recobrado.

-Atrapadla, atrapadla, que escapará -exclamó Jonio. La multitud empujó. Pero la madre ya estaba en sus brazos.

-¿Qué te ocurre, mujer? -gritó él lleno de ira e intentó liberarse de su abrazo.

-¡Eres mi hijo y te he reencontrado! -gritó Creusa sollozando de alegría y temblando con todo el cuerpo.

-¡Víbora, tratas de engañarme para escapar de tu castigo! -le respondió el joven bruscamente.

-La canastita que sostienes en tus manos, atestiguará por mí -dijo Creusa conteniéndose. -Ábrela y te diré que contiene: allí encontrarás un fino tejido que yo misma he confeccionado con mis torpes manos con la imagen de la Medusa. Aún no está terminado.

El joven vaciló, abrió la cestita, desdobló la tela y encontró, lo que Creusa había descripto. Todos se asombraron.

-¿Y qué más hay ahí? -preguntó impresionado. -Dos pequeños dragones dorados. Es un collar, que te colgué aquí, un antiguo regalo de Palas Atenea.

– Sí, está en la canastita -exclamó Jonio exaltado. -Ahora descríbeme aún la tercera cosa.

–Cuando te abandoné, te adorné con una corona del olivo sagrado de Atenea. A las ramas las corté llorando en el castillo.

Y así como lo describió, era; en la canastita había ramas de olivo frescas y perfumadas, pues las ramas del olivo sagrado del castillo no se marchitaban nunca. Sin dudas que hacía rato que al joven se le había ablandado el corazón. Se estremeció ante el maravilloso comportamiento del dios, que se había puesto de manifiesto aquí. Conmovido se dio vuelta hacia Creusa, y madre e hijo, que se habían reencontrado, cayeron uno en brazos del otro y lloraron de alegría. Todo el pueblo se maravilló y contempló conmovido a ambos. Cuando se recuperó, Creusa le contó, cómo había sucedido todo y le reveló que su padre no era otro que Apolo, su salvador. Un devoto estremecimiento conmovió al joven y alabó en voz alta a Apolo y a su sabia conducción del destino. Inmediatamente hizo llamar a Xuto, para que experimente este giro feliz de los hechos y comparta su alegría. Y el rey se apresuró hacia allí, se quedó maravillado y contó ante todo el pueblo, lo que el dios le había dicho en el templo, y de qué manera había querido proteger a Creusa.

Al ponerse de manifiesto toda la prevalencia y disposición del dios, nadie más habló de la venganza del crimen planeado. Jonio le brindó a Apolo una abundante ofrenda de agradecimiento. Feliz y alabado por todo el pueblo, se despidió de la sacerdotisa, que había sido para él una segunda madre, y reconciliados entonces se trasladaron la madre, el hijo y Xuto, que se había convertido en un padre amoroso para el joven, hacia Atenas.

El magnífico hijo de Apolo renovó el esplendor de la antigua estirpe de los Eréctidas, que ya estaba disolviéndose. Bajo su reinado Atenas se elevó imponente como una ciudad dominante de la Tierra y el mar y después de Jonio los descendientes se continuaron, y se propagaron hasta las islas y la costa de Asia, y fueron llamados los Jonios.

REFERENCIA DE LAS FUENTES

Como fuentes fueron utilizados:

Los antiguos dramaturgos y poetas, en particular en la traducción de Thassilo von Scheffer: Hesíodo "Teogonía", Leipzig 1938; los "Himnos homéricos a los dioses", Jena 1927. "Orfeo. Cantos de los Misterios de los antiguos griegos", traducido por I.O. Plassmann. Jena 1928.

Relatos posteriores: H.W. Stoll: "Las sagas de la Antigüedad clásica". Leipzig 1878. Erich Wolff: "Las sagas heroicas de los griegos". Berlín 1936.

Mitologías: L. Preller: "Mitología griega". Berlín 1872. Eckart Peterich: "Pequeña mitología". Olten, o. J. Karl Kérenyi: "La mitología de los griegos". Zürich 1951.

Impreso en talleres de Antroposófica
en Diciembre de 2012

www.ingramcontent.com/pod-product-compliance
Lightning Source LLC
Chambersburg PA
CBHW052353220526
45465CB00003BA/1089